ELISABETH STRUNZ

SIE NANNTEN IHN DJANGO

Fälle, Storys & Anekdoten aus den 15.695 Polizeitagen des Alfred Rupf

VIPnews Verlag Wien

IMPRESSUM:
Originalausgabe
Oktober 2001
1. Auflage

Fotonachweis: Andi Schiel/Kronen Zeitung, Fred Langenhagen, Archiv, Privat, AUA, HBF
Umschlagkonzept und grafische Gestaltung: Maria Kalss
Umschlagfoto: Jost & Bayer
Lektorat: Helmuth Singer
Druck und Bindung: Wiener Verlag, Himberg
Printed in Austria
ISBN: 3-9501481-0-8

IN EIGENER SACHE

Ich lernte Alfred Rupf bei irgendeinem gesellschaftlichen Anlass kennen, dessen Thema mir nicht mehr in Erinnerung ist. Dem legendären Polizeioberst der Flughafenpolizei eilte ein spektakulärer Ruf voraus. Als treue Anhängerin von geschriebenen, gespielten und verfilmten Detektivgeschichten hatte ich natürlich eine bestimmte Vorstellung von diesem Supermann, der den Spitznamen „Django" trägt. Ich hielt ihn für eine Mischung aus allen knallharten Polizisten, die im Laufe der Geschichte den genialen Hirnen von Schriftstellern und Drehbuchautoren entsprungen sind. Beruflich mochte er wie James Bond, Hercule Poirot und Columbo in einem agieren. Auf dem gesellschaftlichen Parkett entpuppte er sich als Partylöwe. Mit seinen launigen Erzählungen schaffte er es ohne Probleme, auch größere Runden blendend zu unterhalten.

Die zum Teil skurrilen und abenteuerlichen Geschichten, die Alfred Rupf in illustrem Kreis immer wieder zum Besten gab, brachten mich bald auf eine Idee. Man sollte diese Fülle an Erlebnissen aus 43 Jahren Polizeidienst zu Papier bringen. Nachdem ich seit mehr als 15 Jahren der schreibenden Zunft angehöre, lag es auf der Hand, dass ich selbst Alfred Rupf ein durchaus moralisches Angebot machte.

Anfangs war er zwar geehrt, aber noch nicht vollkommen überzeugt. Er zierte sich ein bisschen. Dies mochte daran liegen, dass er im Sternzeichen der Jungfrau geboren ist. Vielleicht hat er auch zu viel von den „verhaltenen" Menschen angezogen, mit denen er immer wieder zu tun hatte. Eine junge Frau war es, die ihn schließlich von der Idee überzeugte. Ohne die Argumentationskünste seiner Tochter Eva wäre dieses Buch möglicherweise nicht zu Stande gekommen. Dafür möchte ich ihr an dieser Stelle herzlich danken.
Mein Dank für seine Unterstützung gebührt vor allem meinem Lebenspartner, Mentor und Lehrmeister Herbert Dobrovolny. Er stand mir in jeder Phase der Entstehung dieses Buches mit Rat, Tat und viel Geduld zur Seite.
Es folgten vier Monate der intensiven Recherche und des Kramens in Rupfs Erinnerungen. Dass sich die Mühe gelohnt hat, können Sie durch die Lektüre der wahren Geschichten aus einem besonderen Polizistenleben beurteilen.

Elisabeth Strunz

SIE NANNTEN IHN DJANGO

WANTED

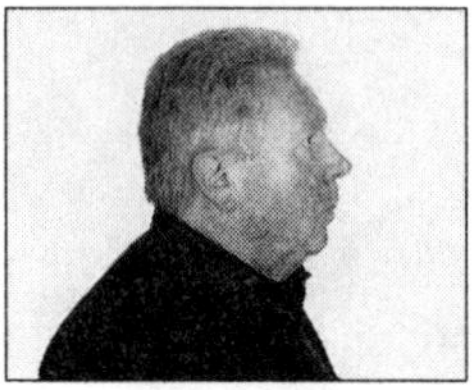

AR13938

AR13938

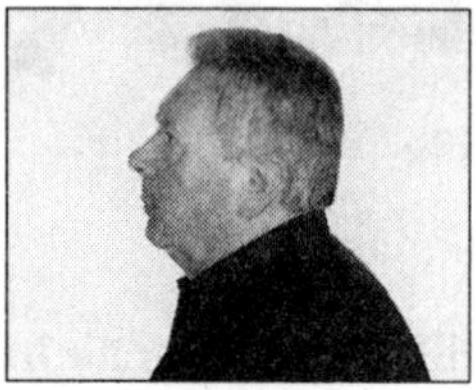

AR13938

DJANGO

Name:	*Alfred Rupf*
Pseudonym:	*Django*
Geboren:	*13. September 1938*
Sternzeichen:	*Tiger (chinesisch), Jungfrau*
Beruf:	*Österreichs erfolgreichster Polizist*
Werdegang:	*1944–1950: Volksschule*
	1950–1954: Hauptschule
	1954–1957: Lehre, Berufsschule
	1957–1958: Bundesheer
	1958–1960: Polizeischule
	1960–1965: Kommissariate Prater, Mexikoplatz
	ab 1965: Flughafen Wien
Familienstand:	*verheiratet, eine Tochter*
Berufswunsch als Kind:	*Cowboy*
Temperament:	*stoisch, gelegentliche Temperamentsausbrüche*

Geschätzte Eigenschaft:	*Ehrlichkeit*
Verabscheute Eigenschaften:	*Intoleranz, Intriganz*
Reichtum:	*angenehm*
Lebensphilosophie:	*Jeder Tag kann der letzte sein*
Unglück:	*Krankheit*
Historische Persönlichkeit:	*Napoleon Bonaparte*
Zeitgenosse:	*Sultan von Brunei*
Filme:	*Goldfinger, Pretty Woman*
Schauspieler:	*Sean Connery, Sophia Loren*
Bücher:	*Kriminalromane*
Urlaubsort:	*Italien*
Farben:	*Schwarz, Gold*
Pflanze:	*Distel*
Tier:	*Schwarzer Panther*
Hobby:	*Malen*
Oper:	*Aida*
Sänger:	*Jessey Norman*
Musik:	*Sound von Frank Sinatra*
Vorbild:	*Leonardo da Vinci*
Gemälde:	*Sonnenblumen/van Gogh*
Sport:	*Beim Tennis zuschauen*
Schwäche:	*Essen*
Getränk:	*Champagner*
Essen:	*Pasta*

1. KAPITEL:

VOM COWBOY ZUM INSPEKTOR

Nur wenige Menschen schaffen es, ihre Kindheitsträume in die Realität umzusetzen. Alfred Rupf wollte allerdings weder – wie die meisten „Dreikäsehochs" – Lokführer noch Flugkapitän werden, sondern er strebte eine Karriere als Cowboy an. Sein bereits damals messerscharfer Verstand und die ihm eigene Kombinationsgabe ließen ihn schnell den Mangel an dementsprechenden Arbeitsplätzen im Wien der fünfziger Jahre erkennen. Die Lösung des Falles lag auf der Hand: Um Abenteuer zu erleben, musste er Polizist werden.

UNTERERNÄHRTER TIGER & SÄGENSCHMIED

Alfred Rupf wurde am 13. September 1938 („Tiger" im chinesischen und „Jungfrau" im uns gewohnten Horoskop) in Niederösterreich geboren. Sein Vater war im Jahr nach Alfreds Geburt in den Krieg gezogen. Der kleine Alfred zählte bereits sechs Lenze, als er seinen Vater – einen für ihn fremden Mann – bei dessen Heimaturlaub kennen lernte. Der Aufenthalt des Vaters blieb nicht ohne Folgen: Nach neun Monaten bekam Alfred eine kleine Schwester.

Es folgte eine schwere Zeit, in der der knapp Siebenjährige die Schrecken des Krieges hautnah miterleben musste. Neben den regelmäßigen Bombenangriffen und der Besetzung seines Heimatortes durch die Rote Armee, musste Alfred mit ansehen, wie ein 20-jähriger Soldat vor seinen Augen erschossen wurde. Der Mann hatte Alfreds Mutter noch kurz zuvor um eine Mahlzeit ersucht. Der Tote lag dann zwei Wochen lang neben dem Haus der Rupfs. Als die kriegsbedingte Not der Rupfs am größten war, geriet Alfreds Vater auch noch in Gefangenschaft. Er wurde in den letzten Kriegstagen in Russland schwer verwundet und mit dem letzten Schiff nach Deutschland transportiert. Dort geriet er in amerikanische Kriegsgefangenschaft. Ein grosses Glück für Alfreds Vater: die Ärzte schafften es, sein Augenlicht zu retten. Die Mutter und ihre zwei Kinder lebten in einem kleinen

Haus ohne Strom. Die Beleuchtung lieferten Kerzen und Petroleumlampe, das Wasser wurde von einem Brunnen geholt. Es gab keine Heizung, maximal ein heißer Ziegelstein linderte das Frieren der Kinder in ihren Betten. Zu essen gab es für die dreiköpfige Familie fast ausschließlich gekochte Erdäpfeln. Alfreds Mutter arbeitete bei den Bauern in der Umgebung, um zusätzliche Lebensmittel – meistens Brot – für ihre Kinder zu bekommen. Natürlich waren die Sprösslinge unterernährt und der kleine Alfred litt unter Asthmaanfällen. Er schuf sich seine eigene Welt, die nicht von Krieg und Armut beherrscht wurde. Bis zum Morgengrauen las er bei Kerzenschein die Karl-May-Bücher über „Winnetou und Old Shatterhand" und die Abenteuer von Rolf Torring. Auch verrichtete er leichtere Arbeiten bei den Bauern wie Unkraut jäten, Erdäpfel und Obst klauben. Damit steuerte er seinen bescheidenen Teil zum Familieneinkommen bei.

In der Volks- und Hauptschule gehörte er zu den Besten. Ein Mal musste er aber die Teilnahme am Unterricht für einige Monate unterbrechen, denn das unterernährte Kind wurde in einem Erholungsheim in Freiland in Niederösterreich wieder aufgepäppelt. Später, als junger Mann, sollte er noch einmal mit dem Problem des zu geringen Gewichtes kämpfen. Als Alfred die Pflichtschule abgeschlossen hatte, empfahl der Schuldirektor Alfreds Eltern – der Vater war mittlerweile aus der Gefangenschaft heimgekehrt –, den Buben ins Gymnasium zu schicken. Dies war jedoch aus finanziellen

Gründen nicht möglich und Alfred begann eine Ausbildung als Sägenschmied. Damals eine Lehrstelle zu finden, war gar nicht einfach. Mit viel Glück durfte er in der Nachbarortschaft die schweren Hämmer schwingen. Anfangs hatte der Meister Bedenken, ob der schwächliche Jüngling die harte Arbeit überhaupt durchstehen würde, doch der Dünne war zäher, als er aussah. Jeden Tag radelte er zehn Kilometer zur Arbeit und schuftete dort immer außer Samstag. Zusätzlich begannen Alfreds Eltern – während dessen Lehre – ein neues Haus zu bauen. Da die Rupfs wenig Geld hatten, mussten sie alles selbst machen und konnten auf die Arbeitskraft des Juniors nicht verzichten. Statt Feierabend und Ausruhen gab es für den jungen Mann Arbeit am Bau und Holzschlägern auf einem Gutshof.

Nach drei Jahren hatte er die Facharbeiterprüfung erfolgreich abgelegt und wusste dennoch genau, dass seine beruflichen Interessen woanders lagen. Es war Zeit für den Wehrdienst und Alfred meldete sich 1956 zur Artillerie nach Baden. Scheinbar zog er bereits damals die spektakulären Erlebnisse an. Kaum war er eingerückt, wurde er wegen des Ungarnaufstandes an die ungarische Grenze verlegt und später in der Flüchtlingsbetreuung eingesetzt. Seine beruflichen Idealvorstellungen wurden auch beim Militär nicht erfüllt. Von Abenteuer war beim Bundesheer keine Spur. Nach dem abgeleisteten Wehrdienst bewarb Alfred sich daher voll Selbstvertrauen und Enthusiasmus bei der Polizei.

MUSTERUNG & KINDERGARTENCOP

Für 900 Bewerber bei den Gesetzeshütern gab es allerdings nur 120 freie Stellen. Daher prüfte die Musterungskommission die Anwärter sehr genau. Die Enttäuschung war groß, als Alfred auf Grund seines Körpergewichtes – 69 Kilogramm bei einer Größe von 1,83 Meter – an der ärztlichen Untersuchung scheiterte und abgewiesen wurde. Ein Polizist musste damals mindestens so schwer wie groß sein, um dem Idealbild eines Gesetzesvertreters zu entsprechen. Der Chefarzt gab ihm den mehr oder weniger wohl gemeinten Rat: „Mit diesem Gewicht kannst höchstens im Kindergarten für Recht und Ordnung sorgen, aber nicht bei der Polizei. Wenn Du schwerer geworden bist, komm wieder." Anstatt dem wenig motivierenden Rat der Kommission zu folgen, sich als Aufseher der Kleinsten zu bewerben, entschloss er sich, am „Breitenwachstum" seiner Figur für einen neuen Bewerbungsanlauf bei der Polizei zu arbeiten.

SCHOKO-ORGIE & MASTKUR

Anfang 1958 war es dann so weit. Verschiedene Mastkuren waren zwar fehlgeschlagen, doch ein wahres Kriminalistenhirn findet auch für eine scheinbar ausweglose Situation die richtige Taktik. Eine einwöchige Fress- und Schokoladeorgie gehörten zur Strategie seines Planes. Am Tag X schüttete er noch zwei Liter Wasser in sich hinein und brachte mit Müh und Not 76 Kilogramm auf die Waage. Er war zwar kein Prachtexemplar von einem angehenden Polizisten, aber Alfred Rupf zählte ab sofort zu den potenziellen Freunden und Helfern der Wiener und landete überglücklich in der Marokkanerkaserne. Der Beginn seiner Karriere gestaltete sich weder abenteuerlich noch spannend. Zwei Jahre Polizeischule versetzten dem Enthusiasmus des Jungpolizisten erst einmal einen gewaltigen Dämpfer.

KASERNENDRILL & PARAGRAFEN

Gegen den jetzigen Ausbildungsdrill erschien ihm das Bundesheer wie ein Urlaubsressort. Es gab kein Radio und schon gar kein Fernsehen, das ohnehin noch in den Kinderschuhen steckte. Die Kadetten durften tagsüber nicht am Bett, sondern ausschließlich auf den durchgewetzten Stühlen sitzen. Bis 22.00 Uhr war Redeverbot und Lernen angesagt und pünktlich um 22.00 Uhr Licht aus. Ausgang hatte er an einem Tag von 18.00 bis 20.00 Uhr, am zweiten Tag von 20.00 bis 22.00 Uhr und am dritten Tag von 22.00 bis 24.00 Uhr. An den Wochenenden leisteten die Kadetten stets Bereitschaftsdienst. Sie mussten also in der Kaserne bleiben, ohne dafür zusätzlich bezahlt zu werden. Dabei war der Verdienst mit 1.000 Schilling im Monat ohnehin schon mager genug. Überhaupt wenn man bedenkt, dass 250 Schilling davon für das abgezogen wurden, was die Küche als Essen bezeichnete. Wenn dem Kücheninspektor das Gesicht eines Polizeischülers nicht gefiel, musste sich derjenige wieder zurück an den Start begeben, nachdem er sich brav in der kilometerlangen Schlange angestellt hatte. War er dann endlich an der Reihe, durfte er – das zwar nicht gaumenfreundliche, aber magenfüllende – Essen ausfassen. Nicht verwunderlich also, dass in der ersten Zeit 40 Bewerber das Handtuch warfen, absalutierten und der Anstalt den Rücken kehrten. Doch Django biss sich tapfer durch die zweijährige Ausbildung. Voll gestopft mit der Kenntnis der Gesetze und der 526 Paragrafen des Strafgesetzes meldete er sich für den Dienst in einem Kommissariat im 1. Bezirk. Das Schicksal hatte mit dem ehrgeizigen jungen Mann andere Pläne und sein Wunsch wurde nicht erfüllt. Seine Dienstzeit im 2. Bezirk sollte die notwendige Basis für seine spätere Karriere legen.

Alfred Rupf (l.) gewöhnte sich rasch an die Kollegen und das Wachzimmer im Prater.

VON PRATERHUREN ZU REICHSBRÜCKEN-SANDLERN

2. KAPITEL:

Das Wachzimmer Prater Hauptallee war in einer Holzbaracke hinter der Geisterbahn in der Nähe des Schweizerhauses untergebracht. Die neuen Kollegen waren fast alle 1,90 Meter groß und wogen stolze 120 bis 130 Kilogramm. Für einen Praterbeschützer die perfekte Statur, immerhin betätigte sich einer in seiner Freizeit als Ringer. Auch die Gesichter entsprachen nicht dem Bild eines smarten, uniformierten Gesetzeshüters. Hängelider und Tränensäcke vermittelten eher das Aussehen eines Frauenmörders denn eines Polizisten. Die etwas verrutschte Optik klärte sich für Alfred Rupf, der seine idealistischen Vorstellungen des Berufsstandes langsam schwinden sah, in den nächsten Tagen ganz von selbst auf. Gleich nach Dienstantritt wurde er von einem der Kollegen mit der Realität des Praters konfrontiert.

WEINKRÜGERL & ROTLICHTMILIEU

In allen Beisln, Imbissbuden, Branntweinern und Wirtshäusern, wo der Jungpolizist vorgestellt wurde, verbeugten sich die Wirte vor den Gesetzesvertretern und gaben ein Willkommensvierterl aus. Der arrivierte Praterprofi setzte das Weinkrügel an die Lippen und leerte es mit einem Schluck. Der nicht geeichte Rupf nuckelte aus dem Glas, als hätte er ein Babyfläschchen an den Lippen. Nach drei Stunden hatten die beiden Uniformierten endlich jedes „Tschocherl"* im Prater besucht. Die Folgen erwiesen sich als katastrophal: Die Welt des Alfred Rupf drehte sich schneller, als es der Magen verkraften konnte. Die Augen tränten, als ob er den Alkohol auf diese Weise ausscheiden wollte. Zurück auf dem Revier verließen Veltliner und Co. den Debütanten auf dem gleichen Weg, auf dem sie hineingekommen waren. Nach diesem Erlebnis erkannte er blitzartig, dass er als Trinker kläglich versagen würde und stieg auf Kaffee um. Mit 20 Tassen pro Tag, die er später auf fünf reduzierte, erfreut er sich heute, nach 43 Dienstjahren, bester Gesundheit. Wenn sein Herz klopfen sollte, dann nur beim Anblick eines hübschen Mädchens ...

In der Prater Hauptallee gingen die Uhren anders als im restlichen Wien. Eine Tatsache, die das Weltbild von Alfred Rupf veränderte. Die männliche Unschuld vom Lande wurde in so manche Facetten des Großstadtlebens eingeweiht, die er bis-

**Tschocherl: kleines, sehr einfaches Wirtshaus, wo vor allem getrunken wird.*

her noch nicht kannte. Zechprellerei, Krawalle mit Betrunkenen und die Wiener Unterwelt funktionierten in der Praxis anders als in der grauen Theorie der Polizeischule. Die Polizisten hatten eine 70-Stunden-Woche, kaum ein freies Wochenende und die vielen Überstunden wurden nicht gerade großzügig abgegolten. Von Randalierern, Einbrechern und Strizzis* hatte Rupf unter anderem schon auf der Polizeischule gehört. Aber die käufliche Liebe und ihre Dienerinnen kannte der Polizei-Frischling nur vom Hörensagen. Das äußere Erscheinungsbild der Damen des horizontalen Gewerbes deckte sich jedoch kaum mit seinen Vorstellungen. Manche gingen bis ins sehr reife Alter von 70 Jahren auf den Strich, andere hatten keine Zähne oder es fehlte ihnen ein Bein.

MITZI & ORDNUNGSSTÖRUNG

Seine erste Begegnung der seltsamen Art hatte er mit einer betrunkenen Hure an einem Sonntagnachmittag im Frühling. Sie wog 110 Kilogramm und hatte sichtlich Spaß daran, den jungen Polizisten zu provozieren. Sie hob ihren Rock, legte damit ihren überdimensionalen Unterkörper frei und lallte amüsiert : „Burscherl, hast scho amal so was g'segn?" Die umstehenden Praterbesucher lachten, applaudierten oder regten sich auf. Um den Tumult zu beenden, drohte Rupf der

**Strizzis: kleine Gauner*

ausgeflippten Frau die Verhaftung wegen Anstandsverletzung und Ordnungsstörung an. Doch diese fühlte sich durch das ganze Spektakel zu weiteren Taten angespornt, drehte sich um und zeigte Rupf ihren dicken Pferdehintern mit den Worten: „Burschi, mi kannst am Arsch lecken." Anstatt der Aufforderung Folge zu leisten, sprach Rupf die Verhaftung aus. Daraufhin zog sich die Frau das Kleid aus und setzte sich nackt auf die Straße. Mittlerweile war Alfred Rupfs Kollege telefonisch verständigt worden, dass der Benjamin des Kommissariats Schwierigkeiten hatte.

Der erfahrene Ordnungshüter näherte sich dem „Tatort" und griff ein. Während er die unheilschwangeren Worte „Mitzi, Du schiacher Krampen, Du ziagst di a no aus vor die Leit?" sprach, packte er die verdutzte Mitzi an einem Bein und schleifte sie auf ihrer voluminösen Sitzfläche bis zum Wachzimmer. Rupf folgte den beiden mit Mitzis Kleid und ihrer Handtasche. Nach einigen Stunden Ausnüchterung in der Arrestzelle bekam die Mitzi von einem Kollegen ein paar Watschen und erlebte ihren – sicher nicht ersten – Hinausschmiss aus dem Kommissariat. Als der noch immer verwirrte Alfred Rupf eine Anzeige gegen Mitzi schreiben wollte, lernte er seine nächste Lektion: „Bist deppert, Du willst do die Mitzi net anzagen! Wann sa si bschwert, dann kannst was erleben", sprachen die an Erfahrung reichen Kollegen – und das trotz dieser Menge an Mitzis Delikten. Am nächsten Tag erschien die nüchterne Mitzi mit einem Fresskorb und einem Doppler Weißwein in der

Wachstube und entschuldigte sich beim gesamten Team für ihr Verhalten vom Vortag.

LILIPUT & TASCHENGELD

Einer der Profis aus dem Wachzimmer Prater Hauptallee wollte in der Früh immer allein auf Streife gehen. Rupf kam dies spanisch vor und so beobachtete er den Kollegen ein Mal bei dessen eigenartigem Tun. Dieser bückte sich am Zaun der Liliputbahn alle zwei Meter und hob etwas auf. Mit kriminalistischem Spürsinn klärte der Jungpolizist den Sinn dieser Aktion auf. Am Zaun des gemütlichen Prater-Verkehrsmittels pflegten die Schönen der Nacht eine spezielle Art des Verkehrs. Wenn die horizontalen Damen ihre Geschäfte vertikal machten und den Freiern ihre mehr oder weniger attraktive Kehrseite präsentierten, ließen die Herren der Schöpfung die Hosen runter. In der Folge fielen meist Münzen aus den Hosentaschen der Kunden. Nachdem der erfahrene Polizist die nächtlichen Vorgänge an der Liliputbahn bereits seit vielen Jahren kannte, sammelte der Gesetzeshüter am nächsten Morgen sein Körberlgeld ein.

MITTAGSTISCH & MILCHSKANDAL

Als Rupf im Prater seine Karriere als Polizist begann, galt die Umgebung von Praterstraße, Weintraubengasse, Zirkusgasse und Mayergasse als das Rotlichtviertel schlechthin. Vor 40 Jahren konnte sich dieses „Grätzel" mit internationalen Vergnügungsvierteln ähnlicher Provenienz – wie St. Pauli in Hamburg, dem Montmartre in Paris und dem Walletjes in Amsterdam – absolut messen. Mit der Zeit kannte Django alle Mädchen und Frauen, die mit Liebesdiensten ihr tägliches Brot verdienten. Der Polizist war bald über die Lebensgeschichte und das Schicksal jeder Einzelnen unterrichtet. Eine von ihnen hieß Doris und war – im Prater keine Selbstverständlichkeit – eine von den jungen und hübschen Prostituierten. Das Mädchen hatte bereits mehrere Kinder geboren – Verhütung war in den sechziger Jahren in diesem Milieu noch rar – die sie gleich nach der Geburt zur Adoption freigegeben hatte.

Nach einer der Entbindungen kam sie gerade aus dem Spital in den 2. Bezirk zurück. Sicher waren Geburt und „Verlust" des Neugeborenen für die Frau auch diesmal eine schwere psychische Belastung gewesen. Um ihre Depression in den Griff zu bekommen, hatte sich Doris bereits zu Mittag schwerstens betrunken. In diesem Zustand betrat sie ein Lokal auf der Praterstraße, in dem eine eher bürgerliche Klientel zu dieser Uhrzeit ihr Mittagessen einnahm. Zuerst begann Doris, die für sie vornehme Gesellschaft als Spießbürger zu beschimpfen. Dann entblößte die frisch Entbundene eine Brust und bespritzte die Gäste mit ihrer Milch, die diesen über die Gesichter lief und in die Teller tropfte. Es entwickelte sich ein riesiger Tumult. Die Gäste wollten auf Doris losgehen und beschwerten sich zu Recht. Ihnen war der Appetit gründlich verdorben. Um die Situation nicht eskalieren zu lassen, schritt Rupf ein. Er führte die tobende Doris ins Freie, beruhigte sie und machte ihr auch klar, dass eine Anzeige wegen Ordnungsstörung unvermeidbar war.

DICK & GRÜN

Der junge Inspektor hatte Nachtdienst und beobachtete das Verkehrsgeschehen auf der Praterstraße. Es waren zwar nicht besonders viele Autos um diese Uhrzeit unterwegs, doch diejenigen, die jetzt noch am Lenkrad saßen, hatten meist sehr tief ins Glas geschaut. Sie stellten auch bei fast leeren Straßen für sich und andere ein erhebliches Verkehrsrisiko dar. Plötzlich näherte sich dem Polizisten ein PKW, der seinen Weg in gefährlichen Schlangenlinien zurücklegte. Rupf hielt das Fahrzeug an. Es brauchte etwa 50 Meter, bis es endlich zum Stillstand gekommen war. Rupf näherte sich dem Auto auf der Seite des Fahrers und schaute hinein. Als er nichts erkennen konnte, öffnete er die Tür, doch der Fahrersitz war leer. Also beugte er sich in den Wagen und bemerkte zwei Männer, die auf dem Beifahrersitz saßen. Die Basis bildete ein kleiner Dünner. Auf ihm hockte der andere, der ihn mit seinen gut 100 Kilogramm fast zerquetschte. Rupf ließ beide Männer aussteigen und erkannte, dass der Dicke sturzbetrunken und der Kleine nüchtern war.

Anfangs wollte keiner von beiden am Steuer gesessen sein. Dann ließ sich der Nüchterne zu einem Geständnis bewegen. Der Dicke war im Vollrausch gefahren. Als Rupf ihn anhielt, wollte der dünne Beifahrer mit dem dicken Chauffeur rasch die Plätze tauschen. Leider gelang es dem Dünnen nicht, den Lenkersitz zu erreichen. Der Dicke hatte ihn derart eingeklemmt, dass er sich nicht mehr bewegen konnte.

In einer anderen Nacht stand Rupf mit einem Kollegen um etwa 3.00 Uhr Früh auf der Praterstraße in der Nähe eines Zebrastreifens. Die Ampel war auf Blinken geschaltet, denn es gab nur geringes Verkehrsaufkommen. Während das gelbe Licht vor sich hinblinkte, näherte sich ein PKW mit relativ hoher Geschwindigkeit dem Schutzweg. Davor bremste der Lenker den Wagen unvermutet ab und blieb stehen, obwohl weit und breit kein Fußgänger zu sehen war. Rupf und sein Kollege beobachteten das Auto, das sich minutenlang nicht von der Stelle bewegte. Schließlich gingen die beiden Polizisten, denen dieses Verhalten sehr eigenartig erschien, zu dem Fahrzeug und klopften ans Fenster. Der Lenker kurbelte dieses herunter und Rupf fragte den Mann: „Worauf warten Sie eigentlich?" Der antwortete mit einem deutlichen Zungenschlag: „Bis endlich grün wird." Das Licht der Ampel tat dem Mann in dieser Nacht zwar nicht mehr diesen Gefallen, dafür aber der Alkotest. Das Röhrchen verfärbte sich beim Blasen tiefgrün.

SCHLÄGEREIEN & VERWÜSTUNG

Die Sitten im Pratermilieu der sechziger Jahre waren rau, ähnlich jenen während des Goldrauschs im Wilden Westen. Rupf erlebte hier Abenteuer, die eines echten Cowboys durchaus würdig gewesen wären. Die kräftigen Polizisten beförderten Delinquenten, Betrunkene und Radaubrüder auf eine ungewöhnliche Art aus den Lokalen. Sie packten diese links und rechts am „Nierenspeck"* und warfen die schreienden, strampelnden Personen bei der Tür hinaus. Die Blutergüsse erinnerten die Betroffenen geraume Zeit daran, dass es schmerzhaft sein kann, Krawall zu schlagen.
Da es damals noch keine Wega* gab, wurde bei Massenschlägereien das „Überfallkommando" gerufen. Der Name passte perfekt zu der Vorgangsweise dieser Einheit. Aus offenen Wagen stürzten sich 20 Mann mit Stahlhelm und Gummiknüppel auf die Raufer und schlugen alles nieder, was nicht schnell genug flüchten konnte. Ruhe und Ordnung kehrten erst dann ein, wenn das Überfallkommando die totale Verwüstung angerichtet hatte. Danach verließen die Terminatoren der sechziger Jahre den Einsatzort, um sich als Schreibtischhengste zu gebärden. Ohne Rücksicht auf Verluste und auf die deutsche Sprache hämmerten sie im Adlersystem auf ihre mechanischen Schreibmaschinen ein.

**Nierenspeck: Seitliche Fettpolster an der Taille*

**WEGA: Wiener Einsatzgruppe Alarmabteilung, Spezialtrupp der Wiener Polizei für Sondereinsätze wie z.B. Wohnungsöffnungen u.a.*

VORFÜHRUNG & BEINBRUCH

Eines Morgens, um 4.00 Uhr, kündigte der Rayonsinspektor Alfred Rupf an, er werde ihn zu einer Vorführung mitnehmen. So könne er sich auch mit dieser Variante der Polizeiarbeit vertraut machen. Die beiden Polizisten begaben sich zu einem Haus in der Böcklinstraße und marschierten in den 2. Stock. Der Rayonsinspektor klopfte an die Eingangstür und verkündete mit markiger Stimme: „Polizei, Karl, mach auf, wir brauchen di." Es öffnete ein schmächtiges Männchen in langen Unterhosen. Der Inspektor machte ihm klar, dass er zwei Wochen „Schmalz"* ausständig hätte. Der Karl meinte: „Kummans eina, i muass mi anziagn. Wollts an Kaffee, i mach eich schnell an." Als die Beamten bejahten, braute das Männchen eine seltsame Flüssigkeit. Karl servierte sie in ekeligen braunen Tassen, die wahrscheinlich vor langer Zeit weiß gewesen waren. Mit einem „I ziag mi nur aun im Schlofzimma" wieselte das Männchen in den anderen Raum. Während Rupf das abstoßend schmeckende Gebräu hinunterwürgte, hörte er ein leises Jammern. Er fragte den Inspektor, ob ihm das Geräusch auch aufgefallen war. Dieser schüttelte den Kopf und Rupf bot sich an, im Nebenzimmer nachzuschauen. Mit Erlaubnis des Vorgesetzten sah er nach dem Rechten. Karls Schlafzimmer war leer und das Fenster stand offen. Von draußen drang ein Wimmern in den Raum. Rupf beugte sich

**Schmalz: Haftstrafe*

aus dem Fenster – und da hockte der schmächtige Karl und jammerte. Der zukünftige Häftling wollte seine Strafe nicht antreten und war aus dem Fenster gesprungen, um zu flüchten. Dabei hatte sich das Männlein den Fuß gebrochen. Die Rettung wurde verständigt und der Karl in Begleitung des Inspektors ins Spital gebracht. Rupf kehrte zum Wachzimmer zurück, wo ihn der Wachkommandant mit den Worten empfing: „Ham's jetzt g'segn, wie ma a Vorführung macht?" Er bejahte die Frage und schilderte dem Kommandanten den Verlauf der Amtshandlung. Jung Alfred war aber überzeugt, dass ein Beinbruch nicht unbedingt zum Vorführungsritual gehörte.

STADION & RÜCKSEITE

Außer den Amtshandlungen im Prater, in der Hauptallee und rund um das Gelände der Wiener Messe gab es auch bei großen Sportveranstaltungen zahlreiche Einsätze. Die dem Prater nahen Sportstätten wie Krieau, Freudenau, Stadion, WAC-Platz, Hockeyplatz und Tennisanlagen zogen Menschenmassen an, die nicht immer friedlich gesinnt waren. Alkohol und leidenschaftliche Gefühle für eine Mannschaft schlugen sich in wohl und ernst gemeinten Ratschlägen nieder. Sprüche wie „Stell dem Trottel a Haxl" oder „Sauf ehms Äugl aus" führten häufig zu Feindseligkeiten zwischen den rivalisierenden Sportskanonen in den Zuschauerrängen.

Bei einem Match von Rapid gegen Lissabon im Stadion entwickelte sich eine dieser Riesenkeilereien. Solche Massenschlägereien verliefen mitunter auch für höhere Beamte in Zivil, die das Geschehen dienstlich verfolgten, schmerzhaft. Am Tag nach dem Match der Grün-Weißen gegen die Portugiesen langte per Fernschreiben eine nicht alltägliche dienstliche Aufforderung in sämtlichen Wachzimmern rund um das Stadion ein: „Der Beamte, der den Herrn Ministerialrat in das Gesäß getreten hat, möge sich bitte melden."

MEXIKOPLATZ & FALSCHER BIERTRINKER

Als Alfred Rupf vom Wachzimmer hinter dem Schweizerhaus in jenes am Mexikoplatz versetzt wurde, erwartete ihn dort eine etwas andere, wenn auch ebenso spektakuläre Welt der Kriminalität. Im nahen Hafen dockten Frachtschiffe aus dem Ostblock an. Es wurden Waren aller Art geschmuggelt, vorausgesetzt, sie waren gut und teuer. Vor allem Zigaretten, Kaviar, Wodka und Devisen wurden illegal gehandelt. Der Mexikoplatz war das Schwarzmarkt-Paradies der Donaumetropole. Dementsprechend war auch das Publikum, mit dem es Rupf zu tun hatte. Von den Schiffen kamen Matrosen und wo Seeleute sind, dürfen Liebesdienerinnen nicht fehlen. Die nahe Reichsbrücke trug dazu bei, dass eine dritte „Berufsgruppe" Rupfs Klientel ergänzte: die Sandler. Sie hausten unter der Brücke und am Abend war ihr Treffpunkt ein Lokal, das speziell für die Obdachlosen eine lange Bank reserviert hatte. An einer Wand, ganz hinten im Wirtshaus, konnten die mittellosen, durstigen Seelen das Geschehen gut überblicken. Wenn nun Gäste das Lokal verließen, stand der erste Sandler in der Reihe auf und kontrollierte die Gläser, die auf dem leeren Tisch standen. Hatte ein Gast einen „Hansl"* übrig gelassen, gehörte der Rest von Wein, Bier oder Schnaps dem Sandler und er durfte ihn austrinken.

Eines Tages läutete im Wachzimmer das Telefon. Der Wirt des besagten Wirtshauses schrie mit aufgeregter Stimme in den Hörer: „Herr Inspektor, kummans schnell, da is ana, der droht mir und die Gäst' mit'n Umbringan!" Nachdem das Lokal sich um die Ecke des Wachzimmers befand, rannte Rupf gemeinsam mit einem Kollegen zu dem Wirtshaus. Beim Eintreffen der Polizisten stand der Wirt hinter der Theke und zeigte auf einen Tisch, an dem zwei Männer saßen. Einer lag mit dem Kopf auf der Tischplatte und schlief. Der andere hatte eben angesetzt, ein Krügel mit frisch gezapftem Bier durch seine durstige Kehle rinnen zu lassen. Rupfs Kollege trat von hinten an den Biertrinker heran und versetzte dessen Sessel einen derart wuchtigen Tritt, dass die Sitzgelegenheit durch das Lokal flog. Der Biertrinker lag wie ein umgedrehter Käfer auf dem Rücken und schwamm im Bier. Als der sich immer noch hinter der Theke verschanzende Wirt einige Sekunden später vom

**Hansl: Rest im Bier-, Wein- oder Schnapsglas*

Zuschauen dieser stuntreifen Szene erholt hatte, rief er mit einem Unterton der Betroffenheit in der Stimme: „Net der, Herr Inspektor, da andere wollt mi umbringan." Der potenzielle Gewalttäter hatte es sich mittlerweile offensichtlich anders überlegt und schlief friedlich seinen Hansl-Rausch aus.

LOLITA & GEHEIMBORDELL

Gemeinsam mit einem Kumpel wollte der Wiener Manfred S. – von Beruf Metallschleifer – möglichst schnell zu Geld kommen, ohne sich dafür selbst anzustrengen. Die Männer hatten im Wiener Prater ein 15-jähriges Mädchen aus einem Jugendheim in Klosterneuburg kennen gelernt. Sie war aus dem Heim getürmt und bekam von den sauberen Praterbekanntschaften eine „Stellung" angeboten. Sie zwangen die junge Frau – in einem Geheimbordell – zahlungskräftige Freier zu verwöhnen. Pro Tag gaben sie der Jungprostituierten 300 Schilling, den „Rest" behielten die Nebenerwerbszuhälter für sich. Bald avancierte die 15-Jährige zum Star des Etablissements in der Wehlistraße im 2. Bezirk. Doch Rupf machte den zusätzlichen Einkünften der Leopoldstädter ein Ende. Im Zuge der Recherchen in einem anderen Kriminalfall stießen die Fahnder auf das Puff und auf die beiden Hobbyzuhälter. Die Beamten brachten die beiden hinter Gitter und die Zwangs-Lolita zurück ins Heim.

In der kargen Freizeit stand Fussball auf dem Programm. Das Spiel mit dem „Fetzenlaberl" sorgte für Kondition.

Der junge Inspektor lernte im Prater mit seiner „Klientel" - von Prostituierten bis zu Radaubrüdern - richtig umzugehen.

3. KAPITEL:

VON PRATERSTRIZZIS ZU FLUGPASSAGIEREN

Als Alfred Rupf seine fünf „Lehrjahre" im Prater abgeschlossen hatte, wollte er unbedingt zur Kripo. Die Chancen standen jedoch schlecht. Abgesehen von einer Aufnahmesperre war Rupf nach Ansicht der Behörde – mit seinen 27 Jahren – noch viel zu jung für seinen Traumjob. Zufällig erfuhr er, dass in Schwechat – Django dachte damals, Schwechat gehöre zur Bundeshauptstadt Wien – ein paar Kriminalbeamte gebraucht wurden. Er stellte sich vor, gab seine Bewerbung ab und wurde genommen. Nach dem positiven Abschluss des achtmonatigen Kriminalbeamtenkurses wurde er auf den – gegen den 2. Bezirk – viel zivilisierteren Flughafen versetzt. Später folgten Chargenkurs, Aufstieg zum Gruppenführer, Abendmatura, Offizierskurs und der berechtigte Ruf, der erfolgreichste Polizist Österreichs zu sein.

Am Wirkungsgebiet Flughafen Wien hatte er zwar mit Drogenschmugglern und anderen Kriminellen zu tun, aber die Sitten und der Umgangston hatten sich – gegenüber dem Prater – an seinem neuen Arbeitsplatz deutlich verbessert. Manchmal erzählte er seinen Kollegen von den wilden Amtshandlungen, von den Prostituierten und von den Cafés und Stundenhotels, in denen die Damen und ihre Freier verkehrten. Einer der neuen Kollegen hing stets fasziniert an Djangos Lippen, wenn er Geschichten aus den Anfängen seiner Karriere zum Besten gab. Er war begierig, einen Ausflug in dieses Milieu zu erleben. Eines Nachts streiften die beiden Polizisten durch den 2. Bezirk. Django zeigte dem Kollegen die verschiedensten „Szene-Orte" und dieser kam aus dem Staunen nicht heraus. Als Höhepunkt der „Reise in die Vergangenheit" kehrten die beiden Männer im Café Alhambra ein.

Es mutete wie die Kulisse für einen Wildwestfilm an. Der Holzbretterboden war mit schwarzem Öl eingelassen. Dichte Nebelschwaden hatten sich im Lokal ausgebreitet, die Gäste rauchten wie die Müllverbrennungsanlage am Flötzersteig und das Alhambra hatte keine Entlüftung. Wenn man sich an diese Atmosphäre gewöhnte und die Augen zu tränen aufgehört hatten, konnte man in der Ecke ein völlig desolates, verstimmtes Klavier erkennen. Ein uraltes Männchen quälte mit seinem Geklimper Tasten und Gäste. Die Polizisten setzten sich und bestellten jeder einen großen Braunen. Umgehend gesellte sich eine stark betrunkene Prostituierte zu den jungen Männern. Die horizontale Dame war schon etwas betagt und im Laufe der Jahre hatte sie es zu einem beachtlichen Körperumfang gebracht. Sie öffnete die Bluse und warf ihre beiden überdimensionalen Brüste auf den Tisch. Jede davon wog mehrere Kilogramm und gemeinsam bedeckten sie die gesamte Tischfläche. Begleitend zu dieser Aktion machte sie Django und seinem Kollegen folgendes Angebot: „Burli, gib ma an Zehna und i heb mein Rock und zag da wos ondas a no." Der Flughafenkollege wusste nicht, wie ihm geschah und was er angesichts dieser angebotenen Einsichten sagen sollte. Doch Django war mit derartigen Zwischenfällen vertraut und schlug der Frau ein anderes Geschäft vor: „Do host an Zwanzga und schleich di, sonst wer ma Warme."

SCHLARAFFENLAND & SUPERMARKT

Die Schwechater Polizisten trauten eines Morgens ihren Augen nicht. Ein bezirksbekannter Obdachloser kam ihnen im eleganten Anzug mit einem nagelneuen Kofferradio in der Hand entgegen. Die Beamten wussten sofort, dass die Verwandlung des Sandlers nicht mit rechten Dingen zugegangen sein konnte, griffen ihn auf und nahmen ihn zur Befragung mit auf die Wachstube. Der Mann hielt sich nicht

lange damit auf, den Beamten Märchen aufzutischen, sondern rückte gleich mit der Wahrheit heraus.
Es war ihm bei einem Rundgang in einem großen Supermarkt gelungen, eine Flasche Schnaps zu stehlen. Damit er an der Kassa damit nicht erwischt werden konnte, zog er sich mit seinem Gratisdrink auf die Toilette zurück. Dort leerte er die Flasche zügig, nachdem er es sich auf dem Klodeckel bequem gemacht hatte. Die Menge an Schnaps und das entspannte Sitzen machten ihn schließlich müde und er schlief ein. Es hatte einige Stunden gedauert, bis er nach seinen Kapitalrausch ausgeschlafen war. Also erwachte er erst nach Geschäftsschluss des Marktes. Als er sein „Schlafzimmer" verließ, bemerkte er, dass er ganz alleine und eingeschlossen war. Der Gedanke, die Nacht im windgeschützten Schlaraffen-land eines Supermarktes zu verbringen, störte den erfinderischen Lebenskünstler in keiner Weise.
Zuerst widmete er sich den leiblichen Genüssen, denn er hatte Hunger und Durst bekommen. Satt und erneut benebelt torkelte er in die Textilienabteilung des Marktes und kleidete sich von Kopf bis Fuß neu ein. In der Elektroabteilung gefiel ihm ein kleines Kofferradio, das er auf seiner „Shoppingtour" ebenfalls mitnahm. Danach zog er sich wieder auf die Toilette zurück und wartete dort, bis der Markt aufsperrte. Als er sich vergewissert hatte, dass bereits die ersten Kunden ihren Einkaufswagen durch die Gänge schoben, wagte er sich aus seinem Versteck. Unauffällig verließ er in seinem eleganten

Anzug und mit dem Kofferradio den Markt. Doch die unverhoffte Wandlung vom „Aschenputtel zum Prinzen“ dauerte nicht einmal bis Mitternacht, sondern nur bis zur nächsten Ecke, an der er den Polizisten in die Arme lief.

SCHMUCKDIEBSTAHL & DONAUAUEN

Alfred Rupf kamen Gerüchte zu Ohren, dass Mitarbeiter des Wiener Flughafens bei den umliegenden Heurigen Zigaretten und Fotoapparate zu sehr günstigen Preisen anboten. Der Verdacht lag nahe, dass es sich bei diesen Waren um Diebesgut handelte. Allerdings lagen in Bezug auf diese Artikel keinerlei Diebstahlsanzeigen vor. Es stellte sich später heraus, dass die Gegenstände aus nicht versperrten Gepäckstücken abreisender Passagiere gestohlen worden waren. Die Geschädigten bemerkten das Fehlen ihres Eigentums erst am Zielort und machten die Diebstahlsanzeigen in Städten wie Tokio, Sydney oder New York, von denen die Fahnder in Schwechat natürlich nicht informiert wurden. Erst als eine Dame in Zürich anzeigte, dass ihr Schmuck im Wert von drei Millionen Schilling gestohlen worden war, wurden Rupf und Co. davon in Kenntnis gesetzt und begannen zu ermitteln.

Die Bestohlene legte die Strecke Zürich – Wien – Zürich oft zurück, da ihr Freund zu diesem Zeitpunkt den Eseltreiber im Musical „Der Mann von La Mancha“ im Theater an der Wien spielte. Die Fahnder vermuteten zwar, dass die wertvollen

Geschmeide erst in Zürich nach der Ankunft der Besitzerin aus dem Koffer genommen wurden. Dennoch nahmen sie sich die Gruppe von Flughafenmitarbeitern vor, die die Maschine nach Zürich beladen hatten und befragten sie. Alle bestritten hartnäckig und erbost, mit dem Diebstahl zu tun zu haben. Nur einer der Männer machte auf Django einen weniger hartgesottenen Eindruck. Der Fahnder ließ mit seinen Fragen bei ihm nicht locker. Nach einiger Zeit gestand er, gemeinsam mit den anderen aus einem Koffer ein Täschchen gestohlen zu haben. Erst als sie die Beute zu Hause begutachteten, erkannten die Männer, dass sie es mit wertvollem Schmuck zu tun hatten. Sie fürchteten, dass die Klunker unverkäuflich und für sie eine Nummer zu groß wären. Fieberhafte Überlegungen wurden angestellt, wie sie die Millionen in Gold, Silber und Diamanten wieder loswerden könnten. Der junge Mann, der Rupf den Diebstahl gestand, hatte seinen Vater ins Vertrauen gezogen. Nach längeren Beratungen beschlossen alle Beteiligten, die gefährliche Beute in die Donau zu werfen. Der Vater erklärte sich bereit, diese Aufgabe zu übernehmen, bekam aber auf dem Weg zum Ufer Bedenken. Er befürchtete, dass er im Falle, dass die Tat auffliegen sollte, den Schmuck bezahlen müsse. Ohne Zögern entschied er sich dafür, das Diebesgut in den Donauauen zu vergraben, ohne die Diebe davon zu informieren.

Schließlich zeigte sich nach dem Sohn auch der Vater geständig und verriet den Polizisten den Ort, an dem er den

Schmuck vergraben hatte. Die Beamten konnte den Schmuck sicherstellen und die Diebesbande festnehmen. Freudig nahm die Schweizerin ihre glitzernden Kleinodien entgegen, nachdem sie aus Zürich angereist war. Die Daten der Schmuckbesitzerin wurden überprüft und es stellte sich eine berechtigte Frage: Wie kommt eine schweizerische Krankenhausangestellte, die in der Buchhaltung beschäftigt ist, zu derart wertvollem Schmuck, einem Rennpferd, Pelzen und einem Porsche? Nachforschungen ergaben, dass die Bestohlene selbst kriminell war. Sie hatte einige Millionen des Krankenhauses, in dem sie arbeitete, veruntreut und wurde von den schweizerischen Behörden verhaftet. Ihr luxuriöses Doppelleben endete hinter doppelten Gitterstäben.

MELANGE & HASCHISCH

Manche Kleindealer wickeln ihre schmutzigen Geschäfte direkt vor den wachsamen Augen der Flughafenpolizei ab. Eine besonders dreiste Methode legte eine Mitarbeiterin eines Flughafencafés an den Tag. Die Kellnerin Gabriele H. hatte ihre eigene Kaffeespezialität erfunden. Sie verkaufte die Kreation vor allem an Süchtige. Bei ihr konnte man – ohne Wissen des Kaffeehausbetreibers – eine Melange um 200 Schilling bestellen. Der Grund für den Preis: Statt Zucker servierte sie Cannabisharz zum Kaffee.

Die Abhängigen fuhren extra mit dem Flughafenbus nach Schwechat, um sich bei der Gabi ihre Haschisch-Dosis zu holen. Doch die kühne Verkaufstätigkeit der 30-Jährigen flog bald auf. Als Django einige Süchtige nach der Herkunft des Stoffes befragte, führten sie ihn auf Gabis Spur. Rupf, der bei ihr natürlich nur normale Melangen angeboten bekommen hatte, verhaftete die geschäftstüchtige Servierkraft wegen Drogenhandels.

PORTIERE & WESTFÄLER SCHINKEN

Auch im Flughafenrestaurant, dem Vorläufer des eleganten Le Gourmet der Firma Airest, hatte Django vor vielen Jahren einen kuriosen Fall zu klären. An einem Tag im Frühsommer ging bei der Flughafenpolizei eine Anzeige des Geschäftsführers des Lokals ein. Es waren 2.000 Schilling gestohlen worden. Es schien anfangs nicht sehr wahrscheinlich, den Dieb zu finden. Einem von Rupfs jungen Kriminalisten ließ der Fall keine Ruhe und er ermittelte auf eigene Faust. Nach Dienstschluss stellte er im Restaurant Nachforschungen an und kam nicht nur dem Dieb des Geldes, sondern gleich einer ganzen Diebesbande auf die Spur.

Er konnte zwölf Mitarbeiter des Lokals – darunter Sicherheitsleute, Küchenpersonal und auch ein langjähriger Betriebsrat – ausforschen, die seit längerer Zeit große Mengen von Lebensmitteln gestohlen hatten. Vor allem waren Erstere dazu eingestellt worden, Diebstähle zu verhindern, aber gerade sie schleppten den Löwenanteil der Beute nach Hause. Einer der Sicherheitsleute hatte sich eine Spezialtasche aus Schnürlsamt angefertigt, die er unter seinem Mantel verstecken konnte. In die Tasche passte sogar ein sechs Kilogramm schwerer Schinken. Bei den gestohlenen Mengen handelte es sich nicht um ein Kilogramm Butter oder fünf Flaschen Bier, sondern um Butter, Zucker und Getränke, die kilo- und kistenweise aus dem Restaurant verschwanden. Die Diebe deckten mit den 500 Paketen Butter und 300 Packungen Zucker aber nicht den Eigenbedarf, sondern zogen mit ihrer essbaren Beute einen schwungvollen Handel auf. Der unerklärbare „Schwund" fand mit der Verhaftung der Mitarbeiter ein plötzliches Ende, löste aber ein anderes Problem aus: Das Lokal litt unter akutem Personalmangel.

ARSENAL & BAUERNHOF

Alfred Rupf bekam einen Hinweis, er solle den Inhaber der Maschinenfirma in der Nähe des Flughafens unter die Lupe nehmen. Der Unternehmer hatte ein etwas ungewöhnliches Hobby, wie die Beamten bei der Durchsuchung seiner Firma im Burgenland und seines geerbten Bauernhofes feststellten. Die Ermittler fanden ein umfangreiches Waffenlager, mit dem man eine Kompanie hätte ausrüsten können. Zu dem Arsenal des 42-Jährigen gehörten alte, intakte deutsche Maschinengewehre, 18 Gewehre, 16 neue Faustfeuerwaffen, zwei Schrotgewehre mit abgesägten Läufen, eine Rauchbombe aus dem Zweiten Weltkrieg, Gasmasken, ein Abhörgerät für Polizei- und Gendarmeriefunk und 10.000 Schuss Munition. L. hatte sich offenbar auf eine Hausdurchsuchung vorbereitet, denn er hatte für den Besitz jeder Waffe eine plausible Erklärung parat. Die verbotenen Militärwaffen hätte er als Andenken an den Großvater behalten, die Gewehre bräuchte er für die Jagd und die Flinten hätte er abgesägt, weil sie handlicher wären. Die Polizei beschlagnahmte das gesamte Arsenal ausser einigen Faustfeuerwaffen. Dafür konnte der Unternehmer gültige Dokumente vorweisen.

Entführter Sohn & gejagter Vater

Eine Münchner Ärztin rief verzweifelt die örtliche Polizei an und meldete die Entführung ihres dreijährigen Sohnes. Ihr geschiedener Mann, ein Psychologe aus Florida, hatte den Junior aus dem Haus des Großvaters in Ungarn mit Hilfe von Komplizen entführt. Der 66-jährige Pensionist, bei dem der kleine David zu Besuch gewesen war, regte sich über die Tat seines 49-jährigen Schwiegersohnes derart auf, dass er einen Herzinfarkt erlitt und starb. Den Amerikaner hatte der Streit um das Sorgerecht des Kindes zum Kidnapping getrieben. Die Mutter hatte ein deutsches Urteil, der Vater ein amerikanisches. Beide Richtersprüche gestanden dem jeweiligen Elternteil das Sorgerecht zu. Die Frau war nach der Scheidung mit ihrem Kind nach Deutschland zurückgekehrt. Da keine internationale Instanz existierte, die den deutsch-amerikanischen Justizknoten hätte lösen können, schlug Davids Vater den illegalen Weg der Entführung ein. Hätte er mit dem Kind die USA erreicht, wäre die Mutter praktisch chancenlos gewesen, ihren Sohn zurückzubekommen.

Als die Spur des Amerikaners und des Buben zum Flughafen Wien-Schwechat führte, wurden Alfred Rupf und seine Mannen eingeschaltet. Sie umstellten das Hotel Sofitel, in dem der Entführer mit seinem Opfer angeblich abgestiegen war. Allerdings fanden die Beamten dort nur zwei amerikanische Privatdetektive vor. Sie hätten den Vater beim Kidnappen unterstützen sollen. Der Amerikaner hatte sich mittlerweile mit dem Buben via Venedig nach Paris abgesetzt, von wo er ihn in die USA bringen wollte. In Paris war für den Entführer Endstation. Durch die Hinweise der Polizei in Schwechat konnte der Mann bei der Zwischenlandung am Flughafen Charles de Gaulle verhaftet werden. Die überglückliche Mutter, die mit Hilfe der Polizei ihren Exmann durch halb Europa gejagt hatte, holte den kleinen David aus Paris ab.

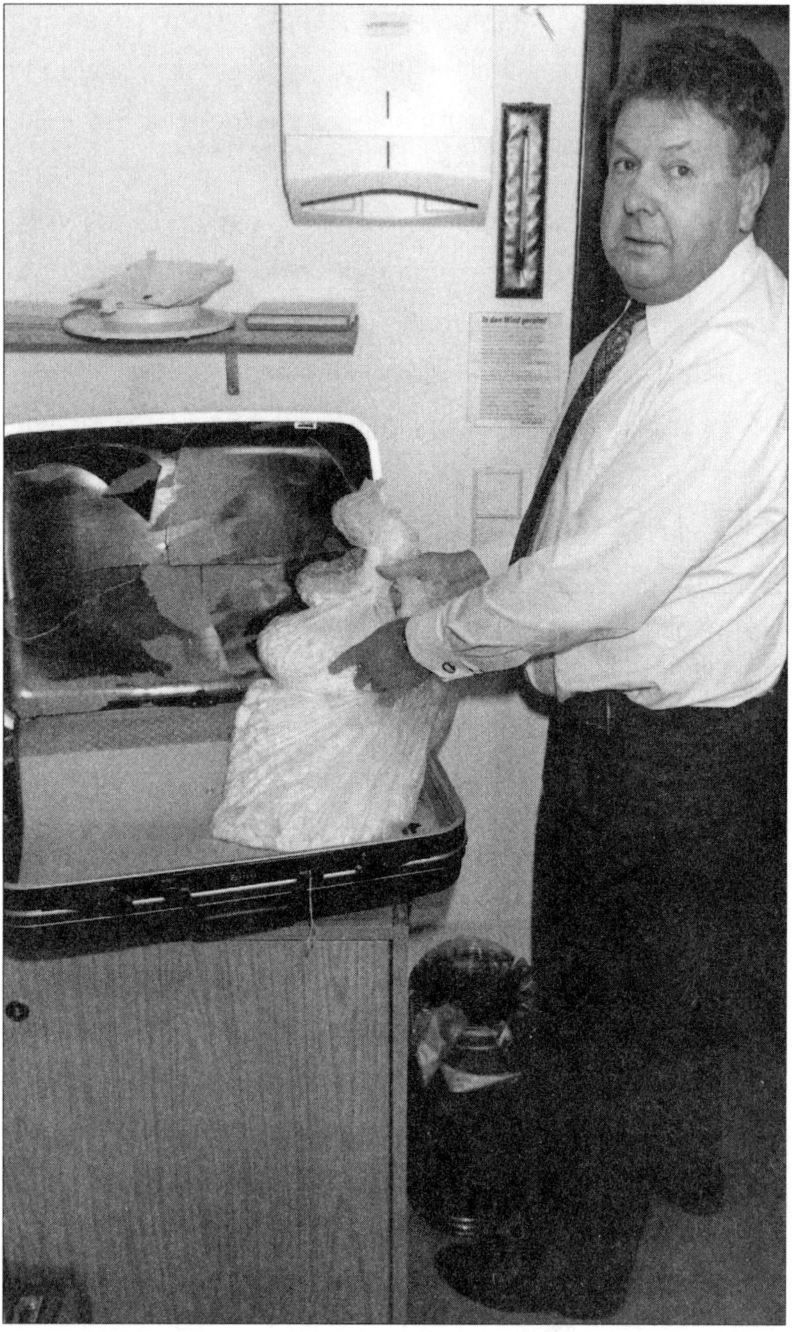

4. KAPITEL:

VON BODYPACKERN ZU DROGENKARTELLEN

Mit seiner Versetzung auf den Wiener Flughafen begann für Django die intensive Bekämpfung des internationalen Drogengeschäftes. In- und ausländische Dealer, Drogenkartelle aus Südamerika, die italienische Mafia und die chinesischen Triaden gehörten in 35 Dienstjahren zur „Klientel" des engagierten Drogenfahnders. Alfred Rupf beschlagnahmte im Laufe der Jahre einige tausend Kilo der verschiedensten Drogen.*

Doch Suchtgifthandel stand oft im Zusammenhang mit anderen kriminellen Delikten, die Django ebenfalls bearbeitete. Die Mafia wickelte Mega-Drogengeschäfte mit Milliardengewinnen ab. Terroristische Organisationen wurden mit den Einnahmen aus dem Verkauf von Kokain, Heroin und Co. unterstützt.

***Triaden: chinesische Mafia**

KURIERE & AHNUNGSLOSE

Kuriere haben oft keine Vorstellung über die Organisationen, die hinter den Drogentransporten stehen. Daher werden sie von den Fahndern observiert, um den Bestimmungsort der Sendung und die Identität der Hintermänner auszuforschen. Manchmal ahnen diese Personen nicht einmal, welche gefährlichen Inhalte sie transportieren. Die Auftraggeber informieren die Drogenboten absichtlich falsch. Sie machen ihnen weis, es handle sich um Devisenschmuggel oder Transport von zollpflichtigen Waren. Da die Strafen bei dieser Art von Schmuggel wesentlich geringer sind als bei Drogendelikten, hoffen die Hintermänner, dass die Kuriere in den entscheidenden Minuten ruhig und unverdächtig bleiben.

Durch Beobachten von Passagieren können die Fahnder Verhaltensmuster studieren. Gibt sich jemand besonders cool – mit dicken Schweißperlen auf der Stirn – und hat den Koffer am Laufband schon zwei Mal an sich vorüberfahren lassen, wird er von den Beamten aufs Korn genommen. Personen, die Drogen oder andere wertvolle Ware schmuggeln, schlucken häufig Beruhigungsmittel. Trotzdem wirken sie gehetzt. Sie sind extrem nervös und beobachten ihre Umgebung auf sehr auffällige Weise.

Oft kann die Exekutive überführte Drogenüberbringer zur Mitarbeit überreden. Die Kuriere reisen dann unbehelligt weiter, um die Polizei zu den Drahtziehern zu führen. Mit dieser Taktik konnte Alfred Rupf und sein Team große Erfolge im Kampf gegen das internationale Drogengeschäft landen. In Italien wurden beispielsweise auf einen Schlag 15 Drogenbosse verhaftet. Und gleichsam als „Gruppe" konnte eine holländisch-südamerikanische Drogendealer-Bande mit 21 Mitgliedern auf einen Schlag gefasst werden. Leider kommt es immer wieder vor, dass völlig unbeteiligte Personen in Drogengeschäfte hineingezogen werden. Die Schuldlosigkeit der Menschen ist schwer oder überhaupt nicht zu beweisen. Der Betroffene kann nur hoffen, dass der Richter seiner Aussage glaubt.

So erging es auch einem Wiener Fotografen. Er war von einem Geschäftsmann nach London bestellt worden, um für das Unternehmen des Auftraggebers professionelle Fotos zu schießen. Der Geschäftsmann machte dem Fotoprofi ein großzügiges finanzielles Angebot und dieser reiste nach Großbritannien. Als die Fotosession beendet war, flogen Auftraggeber und Fotograf gemeinsam nach Wien. Dort wurden die beiden bereits von Rupf und Co. erwartet. Der angebliche Geschäftsmann entpuppte sich als Drogenhändler, der in den doppelten Wänden seiner Reisetasche zwei Kilogramm Kokain versteckt hatte. Die Polizei nahm beide fest und steckte sie in den Arrest. Durch intensive Nachforschungen und die Hilfe der englischen Behörden konnte die Schuldlosigkeit des Fotografen bewiesen werden und er wurde aus der Haft entlassen. Die nicht gerade komfortable Nacht in der Zelle hat er nicht so schnell vergessen und in Zukunft werden unbekannte Auftraggeber genau überprüft.

DIPLOMATEN & PENSIONISTEN

Unabhängig von Alter, Geschlecht, Herkunft und Hautfarbe kommt theoretisch jeder Flugpassagier als Drogenkurier in Frage. Die Bandbreite reicht vom Diplomaten bis zum Jugendlichen und vom biederen Angestellten bis zum seriösen Geschäftsmann.
Besonders Diplomaten vertrauen oft auf ihre Immunität und glauben, auch mit Stoff im Koffer ungeschoren davonzukommen.
Ein Botschaftsangehöriger aus Südamerika wollte mit Frau und zwei Kindern bei „Nichts zu deklarieren" den Zollbereich verlassen und zeigte sich äußerst pikiert, als die „Fahnder mit dem 6. Sinn" ihn kontrollieren wollten. Um einer Überprüfung zu entgehen, hätte er aber eine Akkreditierung für Österreich gebraucht, die er nicht besaß. Dieser Umstand berechtigte die Beamten, das Diplomatengepäck Zentimeter für Zentimeter zu filzen. Damit machte das Django-Team einen der größten Drogenfunde, die es je in Österreich gab. Der noble Herr Diplomat führte 31,5 Kilogramm Kokain im Wert von 120 Millionen Schilling im eleganten Lederkoffer, abgefüllt in Kaffeepackungen, mit sich.

Trotz minutiöser Planung war ihm die Django-Truppe auf die Schliche gekommen. Er und seine Frau hatten mit zwei jungen Masseusen, die als Drogenkuriere fungierten, Costa Rica verlassen. Jedes der beiden Mädchen bekam mehr als 15 Kilogramm Kokain in den Koffer gepackt, mit denen sie unentdeckt nach Amsterdam einreisten. Dort warteten die beiden Kinder des Diplomaten, die auch prompt den Stoff in ihr Spielzeug umgepackt bekamen. Aus Amsterdam nach Wien reisend, fühlte sich der Exdiplomat, der seinen Status schon vor Jahren wegen einer Schmuggelaffäre verloren hatte und nur noch seinen Pass besaß, im EU-Raum sicher. Er hätte die Drogen auch nach Wien gebracht, wenn da nicht die Superriecher der Rupf-Truppe gewesen wären.

Eine rüstige Pensionistin reiste in regelmäßigen Abständen nach Mallorca. Nachdem die Fahnder einem Tipp nachgegangen waren, machten sie einen erstaunlichen Fund. Im Koffer der 70-Jährigen befand sich eine große Menge Haschisch. Die ältere Dame hatte nicht zum ersten Mal heiße Ware im Gepäck. Für sie war der Transport der Drogen ein ansehnliches Zubrot zur Rente. Ihr Auftraggeber war nicht irgendein Fremder, sondern ihr eigener Neffe, für den sie den Stoff transportierte. Nicht immer ist Blut dicker als Wasser. Als der dealende Verwandte der Frau verhaftet wurde, ließ er die „hilfreiche" Tante auffliegen und verriet seine Kurierin.

Erfinderisch zeigten sich die Auftraggeber eines Kuriers. Sie ließen ihn keinen Stoff, sondern nur einen Schlüssel transportieren. In die Sohle seines Schuhs war dieser Schlüssel eingearbeitet. Die Polizei fand diesen bei einer zufälligen Kontrolle und befragte den Mann, zu welchem Schloss der Schlüssel passen würde. Schließlich gestand er, der Schlüssel gehöre zu einem Schließfach am Westbahnhof. Darin befand sich der eigentliche Wertgegenstand: fünf Kilogramm Heroin, das der Kurier hätte abholen sollen.

Eine Gastwirtin aus Wien flog von Asunción über London nach Wien. Von dort aus wollte die 57-Jährige mit dem Zug weiterreisen. Obwohl die Frau äußerst unverdächtig auftrat, hatte sie irgendetwas an sich, das die Rupf-Beamten stutzig machte. Die folgende Kontrolle erwies sich als „Volltreffer". Frau Wirtin führte fünf Kilogramm Kokain mit sich.

Landsmann & Überraschungspaket

Der beste Schutz vor unliebsamen oder gar tödlichen Überraschungen im eigenen Gepäck ist, es niemals aus den Augen zu lassen. Abgesehen von der schlimmsten Möglichkeit, eine Bombe in den Koffer geschmuggelt zu bekommen, gibt es noch andere „Überraschungspakete", die in fremdem Gepäck ihre Reise in das Bestimmungsland antreten.

Der Inhaber eines Handwerksunternehmens in Österreich verbrachte seinen Urlaub in Thailand und wurde, ohne es zu bemerken, bereits am Flughafen von einem ausgewanderten

Landsmann beobachtet. Scheinbar zufällig traf der Urlauber dann den Auslandsösterreicher in einem Lokal. Dieser zeigte unbändige Freude, hier in der Fremde einem Niederösterreicher zu begegnen. Die beiden gingen gemeinsam aus, unternahmen Ausflüge zu Tempeln und Palästen und eine Fahrt auf den Klongs. Es folgten Einladungen zum Essen und der ausgewanderte Landsmann spielte den perfekten Fremdenführer für den Feriengast. Am Ende dieses prachtvollen Urlaubs schmiss der neue Freund für den Niederösterreicher noch eine opulente Abschiedsparty. Kurz bevor er vom Austro-Thai zum Flughafen gebracht wurde, ersuchte dieser den Urlauber, für einen Freund in der Heimat eine Porzellanfigur mitzunehmen. Er wollte sie nicht schicken, da er befürchtete, sie könnte zu Bruch gehen. Wenn er zu Hause angekommen war, sollte er den Freund anrufen, der würde sich die Figur abholen. Doch der Österreicher hatte bereits genügend Schreckensmeldungen in den Medien gelesen, um irgendwelche Gegenstände aus dem Ausland von zufälligen Bekannten mitzunehmen. Nicht einmal die perfekte Betreuung durch den Auslandsösterreicher konnte den Urlauber von der Harmlosigkeit der Porzellanfigur überzeugen. Also lehnte er kategorisch ab, diese Bitte zu erfüllen. Es wurde noch etwas weiter gefeiert, dann ging es los Richtung Flughafen. Als der Niederösterreicher dort seine Tasche öffnen wollte, klemmte der Reißverschluss. Er beschloss, den Defekt zu Hause zu reparieren und stieg ins Flugzeug.

In Wien ging er mit dem Gepäck durch die Ankunftshalle. Da rannte ein Mann auf ihn zu, entriss ihm die Tasche und flüchtete. Plötzlich ergänzten sich die Puzzlesteine vor dem geistigen Auge des Niederösterreichers und er ging zur Polizei. Die Ermittlungen ergaben folgenden Sachverhalt. Am Flughafen hatte der Auslandsösterreicher – der sich als von Rupf gesuchter Drogenhändler entpuppte – seinem „Freund" heimlich Drogen in die Tasche geschmuggelt. Er beschädigte den Reißverschluss so, dass die Tasche nicht geöffnet werden konnte. Dann rief er den Empfänger in Wien an und schilderte ihm die Situation. Dieser fand sich rechtzeitig auf dem Flughafen ein und stahl die Tasche. Der biedere Handwerker hatte in dieser abenteuerlichen Geschichte großes Glück. Wäre er in Thailand mit dem Stoff erwischt worden, hätte es ihn sogar das Leben kosten können – wie einen Touristen in Malaysia. Bei ihm fanden die Behörden mehr als 13 Kilogramm Heroin. Daraufhin wurde der Mann hingerichtet.

TARNEN & TÄUSCHEN

Manchmal ist gerade die Tarnung schuld daran, dass Kuriere ertappt werden. Als eine ganze Gruppe von Nigerianern mit schwarzem Anzug, Fliege und weißem Hemd mit Stehkragen einreiste, schlugen die Rupfschen „Sensoren für Kriminelle" Alarm. Die Afrikaner führten zahlreiche Kataloge mit sich und gaben sich als Vertreter einer Lampenfirma aus. Und noch eine

Gemeinsamkeit fanden die Polizisten bei einer Kontrolle. In den Katalogen steckten jede Menge 100-US$-Noten, die als Vorschuss für die Tätigkeit als Drogenkuriere gedacht waren. Die Afrikaner hätten in Wien Stoff abholen und weitertransportieren sollen. Was die als Lampenverkäufer getarnten Kuriere nicht wussten: Die Banknoten waren falsch.

Eine Zeit lang kamen häufig Nigerianer aus Asien und Südamerika und schmuggelten Drogen nach Österreich. Wenn diese Männer erwischt und verhaftet wurden, gestalteten sich die Vernehmungen äußerst problematisch. Kaum kam den nigerianischen Kurieren ein Polizist in die Nähe, wandten sie ihre eigene Art des Selbstschutzes an: Sie bissen die Polizisten. Vor allem Hände und Füße waren bei den Verhören gefährdet. Nachdem einige Männer der Django-Truppe Bisswunden von den schwarzen Kurieren davongetragen hatten, griffen die Gefährdeten zu Schutzmaßnahmen. In einer groß angelegten Vorsorgeaktion ließ sich das gesamte Team gegen Hepatitis impfen.

Die Verwirrtaktik ist ein wichtiges Element beim Drogenhandel. Oft geben Dealer Adressen von Unbescholtenen bekannt, zu denen die millionenschweren Pakete gesendet werden. Dann tritt ein falscher Briefträger auf, der das Paket verschwinden lässt. Briefkästen werden mit nachgemachten Schlüsseln geöffnet oder bei den Adressaten tauchen plötzlich Personen auf, die behaupten, einen Irrläufer zu suchen, der ihnen gehöre. Viele schrecken auch davor nicht zurück, diese Tricks bei Freunden und Verwandten anzuwenden. Werden umfangreichere Sendungen von der Polizei entdeckt, lässt sie diese oft als kontrollierte Lieferungen weitergehen. Die Wiener Beamten fanden in einem Transport von spanischen Telefonbüchern eine größere Menge Kokain. In die Umschlagseiten war jeweils ein halbes Kilogramm Schnee eingearbeitet. Die Django-Fahnder tauschten das Gift gegen Milchzucker und schickten das Paket weiter auf die Reise an seinen Bestimmungsort. Der Empfänger war ein 17-jähriger Wiener, der aber – dies ergab die Observierung des jungen Mannes durch die Ermittler – keine Ahnung vom heißen Inhalt hatte. Bruder und Schwester hatten ihn beauftragt das Paket von der Post abzuholen. Nun wurde der junge Wiener beschattet, bis er die angebliche Drogenlieferung an die Verwandtschaft übergab. Das Duo wurde beim Schnupfen erwischt und verhaftet. Sie hatten offensichtlich sehnsüchtig auf die Lieferung gewartet, denn ihre Nasen waren beim Eintreffen der Ermittler weiß gepudert – auch wenn sie ihre Riecher nur in Milchzucker gesteckt hatten.

MINIROCK & HEROIN

Tarnungen von Drogenkurieren können mitunter richtig lasziv sein und werden eingesetzt, um die Fahnder abzulenken. Django bekam es im Laufe seiner Karriere auch mit einer Schmugglerbande zu tun, die Busen, Po, Waschbrett-

bauch und Wimpernklimpern einsetzten, um das Suchtgift unbemerkt durch den Zoll zu bringen. Ein Modelteam – bestehend aus Frauen und Männern – reiste öfters zu Fotosessions nach Thailand. Wenn sie in ihre Heimat USA zurückkehrten, wählten sie die Route Bangkok – Wien – Miami. In Wien hatten die „Beautiful Boys und Girls" wenig Zeit, um ihre Maschine nach Miami zu erreichen. Sie nahmen daher an, dass aus diesem Grund keine Kontrollen am Flughafen durchgeführt werden würden.
Ein Tipp von Rupfs Informanten in Bangkok ließ die Fahnder wachsam werden. Unbeeindruckt von langen Beinen, Miniröcken, knackigen Rundungen und imposanten Dekolletés begannen Djangos Unbestechliche mit den Nachforschungen und Ermittlungen. Die Fahnder demaskierten die schöne Truppe als Dealerbande, die 20 Kilogramm Heroin in den kessen Kosmetikköfferchen versteckt hatte. Kein Augenaufschlag konnte das strenge Auge des Gesetzes becircen.

Flugrouten & Drogensorten

Bei der Fahndung nach Drogen orientiert sich die Exekutive am Flughafen vor allem daran, woher die Maschinen kommen. Flugroutenanalysen zeigen, ob verdächtige Personen öfter umgestiegen sind, um harmlos zu wirken. Drogenkuriere glauben unverdächtig zu sein, wenn sie nicht direkt aus den klassischen Drogenländern, sondern aus Zürich oder dem EU-Raum nach Wien kommen.

Suchtgifte, die nach Österreich gelangen, sind vor allem Heroin aus Pakistan und Afghanistan, Cannabis, Marihuana und Kokain aus Kolumbien, Peru und Bolivien. Die großen Drahtzieher im Hintergrund sind Kartelle und verschiedene Mafiabanden. Designerdrogen wie Ecstasy erreichen den Bestimmungsort kaum per Flugzeug, sondern werden in Labors im Osten hergestellt und per Bahn oder Auto nach Österreich geschmuggelt. Crack, eine Designerdroge aus Kokain, ist extrem gefährlich und führt oft zu einem schnellen Tod. Sie wird auf Grund des hohen Risikos in Österreich kaum gehandelt. Ein einziges Mal konnte Alfred Rupf zwei Nigerianerinnen verhaften, die versucht hatten, zwei Kilogramm Crack ins Land zu schmuggeln.

SIGHTSEEING & SCHNEETRANSPORT

Der Kolumbianer Henao B. wollte zwei Fliegen mit einer Klappe erschlagen. Einerseits hatte er vor, Kokain nach Europa zu schmuggeln, andererseits plante er eine Kulturreise, um berühmte Sehenswürdigkeiten als Tourist zu besichtigen. Er verteilte ein halbes Kilogramm Kokain in seinem Handy, dem CD-Player und in seinen Schuhen. Dann flog er über Frankfurt nach Wien. Nach Drogenverkauf und Sightseeing wollte er seinen Trip nach Mailand fortsetzen. Doch am Wiener

Flughafen stoppte Alfred Rupf die „verschneite" Besichtigungstour des Drogentouristen. Bei einer Routinekontrolle enttarnten die Fahnder die Verstecke für den Stoff und nahmen den Mann fest. Er wollte in den touristischen Zielen seiner „Bildungsreise" jeweils etwas Stoff an die Interessenten bringen und mit den Einnahmen aus dem Verkauf seinen Kulturhunger stillen.

SUCHTGIFT & RIECHER

Es wirkt erstaunlich, dass Django nur durch kurzes Öffnen eines Koffers wusste, dass dieser Drogen enthielt. War doch das Suchtgift sorgfältig in einen doppelten Boden oder in die Seitenwände eingearbeitet. Das wichtigste Sinnesorgan auch eines zweibeinigen Drogenfahnders ist seine Nase. Meistens kann dieser am Geruch sofort erkennen, ob irgendwo Drogen verborgen sind. Wird nun in einem Koffer Heroin transportiert, das oft bis zu 20 Stunden unter Verschluss ist, entweicht dem Gepäckstück beim Öffnen ein leichter, stechender Geruch nach Essig. Die Essigsäure wird zur Erzeugung des Suchtgiftes benötigt.
Transportiert jemand Kokain, gibt es keinen verräterischen Eigengeruch. Allerdings wird dieser Stoff meist unter das Futter des Koffers geklebt. Entströmt einem offenen Gepäckstück das Aroma von Klebstoff, suchen die Beamten nach Kokain.

Das starke Aroma von Haschisch wird immer wieder mit Mottenkugeln übertüncht.
Oft sind Kofferkontrollen für die Fahnder nicht gerade ungefährlich. Immer wieder drohen Drogenorganisationen damit, die Gepäckstücke nicht mit Suchtgift, sondern auch mit einer Bombe zu füllen. Für Django blieben diese Ankündigungen zum Glück leere Drohungen. Kam Alfred Rupf in seiner Tätigkeit am Wiener Flughafen ein derartiges Gepäckstück unter den Riecher, schloss er es wieder, ließ den Besitzer ohne Probleme die Kontrolle passieren und veranlasste die Observierung des Kuriers. Rupf war nie daran interessiert, Süchtige oder Überbringer zu verhaften, er wollte die Hintermänner aus dem Verkehr ziehen.

SCHNÜFFLER & KALTE SCHNAUZE

An dieser Stelle soll mit einer weit verbreiteten falschen Meinung aufgeräumt werden: Hunde, die für das Finden von Drogen ausgebildet wurden, sind selbst niemals süchtig. Vielmehr können Rex und Co. mit ihren feinen Nasen trotz Geruchstarnung die Drogen noch besser erschnüffeln als Menschen. Hunde lernen z. B. Essigsäure zu erkennen und können später durch diesen Geruch Heroin identifizieren. Auch wenn Kokain in Plastik eingeschweißt ist, riecht der Schnüffler mit der kalten Schnauze den „Braten“. Allerdings sind die kriminalistischen Leistungen und Erfolge von

Drogenhunden bei Hausdurchsuchungen besser. Dort sind sie nicht so großen Ablenkungen ausgesetzt wie durch das turbulente Kommen und Gehen und die vielfältigen Geruchseindrücke am Flughafen.

MÄRCHEN & DROGENKOFFER

Ein dänischer Märchenschriftsteller – er hieß nicht Hans Christian Andersen, sondern Frank B. – konnte sich mit seinen Märchenerzählungen nicht aus der Affäre ziehen, als das Geheimnis seines Pilotenkoffers gelüftet wurde. Obwohl er heftig protestierte, schlitzten die Beamten das verdächtige Gepäckstück auf. Es war mit Schaumgummi gepolstert und hatte fünf Kilogramm Cannabisharz im Wert von einer Million Schilling eingenäht. Sein Pech: Nachdem eine Woche zuvor ebenfalls zwei Dänen mit Haschisch erwischt worden waren, kontrollierte die Django-Truppe die Landsleute des genialen Märchendichters Andersen besonders genau.

PYTHON & MISSBRAUCH

Leider werden sehr oft auch Tiere als Kuriere missbraucht, die für den Transport des Giftes sterben müssen. Chinesen verschickten, von einer Insel in Asien aus, weltweit Heroin. Das Suchtgift wurde in Wursthäute eingefüllt und in Pythons, die normalerweise ein Schwein verschlucken können, regelrecht hineingewürgt. Einerseits konnten die Tiere die tödliche Mahlzeit nicht herauswürgen, da sich die Widerhaken der Schlange dagegenstellten, andererseits war auch ein Ausscheiden nicht möglich, weil der Drogenschlauch für die Schlangen nicht verdaubar war. Um am Zielort wieder an das wertvolle Gift zu kommen, mussten die Tiere getötet werden. Die Transporte tarnten die Asiaten mit Pythonlieferungen, die keine Drogen enthielten. So hofften sie, bei Kontrollen die Behörden zu täuschen. Nach dem Hinweis eines Chinesen fischte die Polizei in Wien die größte und aggressivste Schlange aus einer Pythonlieferung heraus. Sie brachten das Reptil auf die tierärztliche Hochschule. Es wurde getötet und aufgeschnitten, doch die Ärzte fanden lediglich einige Fremdgegenstände und jede Menge Krebsgeschwüre, an denen die Schlange mittelfristig ohnehin gestorben wäre. Als der zuständige Richter erfuhr, dass der Python „clean" gewesen war, machte er einen „wirtschaftlichen" Vorschlag: „Jetzt kann sich die Republik Handtaschen machen lassen." Das Ergebnis verlief in Wien deshalb negativ, weil der Informant an die Chinesen verraten worden war. Der Mann wurde wenig später, mit einer Drahtschlinge erdrosselt, gefunden. Django lernte bei diesem Fall die Methoden der chinesischen Mafia, der Triaden, kennen.

Affenschmuggel & Schicki-Micki-Dealer

Außer Drogen scheint auch der Schmuggel von toten und lebenden Tieren oder deren Körperteilen finanziell hoch im Kurs zu stehen. Nachdem es gesetzlich verboten ist, derartige „Waren“ zu schmuggeln, sind Djangos Jünger auch stets auf der Jagd nach diesen Verkaufsartikeln.

Ein junger Mann kam mit blauen Leinensäcken in Wien an und wurde kontrolliert. In einem war ein Affenskelett, in einem zweiten eine Kobra, die sich gleich über den Tisch schlängelte. Außerdem hatte der Mann zehn kleine Affen, Vogelspinnen und Schildkröten als „Souvenirs“ bei sich. Er wollte die ungewöhnlichen Haustiere, die teilweise zu bedrohten Tierarten gehörten, um teures Geld an Liebhaber oder illegale Tierhändler verkaufen.

Auch zwei bekannte „Schicki-Micki-Dealer“ wollten etwas besonders Potenzförderndes nach Österreich bringen. Die Hörner der bedrohten Spezies der Nashörner wurden in deren Frachtladungen neben Unmengen von Kokain gefunden. Wieso gerade das selten gewordene Horn für ein erfülltes Liebesleben? Die „Schicki-Micki-Dealer“ hatten verschiedene Wiener Chinarestaurants als Kunden, die ihren Gästen ungeahnte Manneskraft nach dem Genuss des pulverisierten Hornes versprachen. Die Geschäfte der beiden florierten. Trotzdem wurde den Dealern das Pflaster in Wien zu heiß.

Sie wollten noch einen letzten großen Coup landen, bei dem es um Kunst und Kokain ging. Um ihn zu finanzieren, musste ein Freund der beiden daran glauben. Sie betrogen ihn um 800.000 Schilling. Die Dealer machten mit dem Bildreporter schon einige Video- und Musikkassettenproduktionen. Um ein weiteres Projekt zu finanzieren, lockten sie dem Mann diese große Summe heraus. Mit dem ordentlichen Startkapital im Gepäck setzten sich die beiden Betrüger nach Brasilien ab. Der Fotograf hatte doppeltes Pech. Er wurde nicht nur um seine Ersparnisse gebracht, sondern musste nach einem Verkehrsunfall ein halbes Jahr im Krankenhaus verbringen. Für die Behandlung der Spätfolgen hätte er das Geld dringend gebraucht, doch seine ehemaligen Freunde gaben es mittlerweile in Rio für Wein, Weib und neue Illegalitäten aus. Außer einer Invalidenrente von 4.000 Schilling blieb dem Betrogenen nichts. Schlussendlich sollten wertvolle Gemälde von einem Kokoschka-Schüler, die einem Kunstsammler in Brasilien gehörten, den langen Flug von Rio nach Wien antreten, um in Europa einen neuen Besitzer zu finden. In Wahrheit ging es bei dem Transport aber nicht um die Kunst, sondern um Drogenhandel. Sie hatten ihr Kokain in den Rahmen der Gemälde versteckt. Zu dieser Reise sollte es nicht mehr kommen Die „Schicki-Micki-Dealer" wurden von korrupten brasilianischen Polizisten erpresst. Sie verlangten 20.000 US$, um zu „übersehen", dass die beiden weltweit gesucht wurden. Nachdem sie einmal gezahlt hatten, flüchtete einer nach Wien und stellte sich freiwillig. Der andere blieb in Brasilien. Als er kein Geld mehr hatte und die örtlichen Beamten nicht mehr schmieren konnte, wurde er in Rio verhaftet. Er wurde schließlich nach Österreich ausgeliefert.

NIVEACREME & PLASTIKSPRENGSTOFF

Intuition, Spürsinn und Menschenkenntnis waren Rupfs Werkzeuge, um einen Fall im Soldatenmilieu zu lösen. Er hatte einen Hinweis erhalten, dass ein ganz bestimmter Soldat einer 100-Mann-Truppe österreichischer UNO-Soldaten, die auf den Golanhöhen Dienst machten, mit Drogen dealt. Als die Männer von ihrem Einsatz zurück nach Österreich kamen, informierte Django einen der leitenden Offiziere über sein Vorhaben. Er solle die Soldaten antreten lassen und ihnen stichprobenartige Drogenkontrollen der Polizei ankündigen. Nachdem Rupf nur den Namen des Verdächtigen wusste, bat er den Offizier, die Männer der Reihe nach aufzurufen. Um bei dem Gesuchten keinen Verdacht zu schüren, holte er fünf Soldaten zur Überprüfung heraus. Bei dem betreffenden Mann fand Rupf eine große Dose Niveacreme, die unberührt war. Sehr verdächtig für das logisch denkende Kriminalistenhirn, hatte doch der Soldat längerer Zeit auf den Golanhöhen, weit entfernt von Geschäften verbracht, die diese Marke führen. Außerdem verbrauchen die Männer auf Grund

von Hitze, schwerer Arbeit und extremen Bedingungen in der Regel jede Menge Hautcreme. Die Überprüfung ergab, dass unter einer dünnen Cremeschicht eine größere Menge 100-US$-Scheine lagerten.
Anfangs bestritt der Mann, von dem Geld gewusst zu haben. Er verwickelte sich immer mehr in Widersprüche und legte schließlich ein Geständnis ab. Der Soldat hatte mit zwei Komplizen gemeinsame Sache gemacht. Mit Hilfe seiner begnadeten Intuition hatte Django gerade jene fünf Männer für die Überprüfung ausgesucht, unter denen sich auch die zwei Komplizen befanden. Ob man dabei an die kleinen, grauen Zellen von Poirot oder Sherlock Holmes' Kombinationsgabe erinnert wird, Django hatte dieses Talent und arbeitete 43 Jahre lang damit.
Die drei Männer hatten mehrmals Haschisch von Syrien nach Israel geschmuggelt. Das Reserverad ihres Jeeps wurde den Männern in Damaskus gegen ein drogengefülltes ausgetauscht, in Israel wechselten die Mittelsmänner es wieder gegen einen harmlosen Reifen. Als die Soldaten Rupf gestanden, wie viel sie mit ihren Transporten verdient hatten, wurde er stutzig. Die Summe war im Vergleich viel zu hoch für den Schmuggel von Haschisch. Eine Beschreibung des Stoffes schloss Heroin aus und ließ auf Haschisch schließen. Ein fürchterlicher Verdacht reifte im Kriminalisten, als die Drogenkuriere schilderten, dass sie den Stoff probiert hatten und keine Wirkung eingetreten war. Rupf forderte vom

Heeresnachrichtenamt Proben von Plastiksprengstoff an, die den drei vermeintlichen Drogenschmugglern vorgelegt wurden. Sie identifizierten den Plastiksprengstoff als ihr angebliches Haschisch und waren im Nachhinein erleichtert, das Zeug nur gegessen und nicht geraucht zu haben.

Besonders unangenehm war die Angelegenheit für den österreichischen Verteidigungsminister. Zum Zeitpunkt der Aufdeckung des Falles absolvierte er einen offiziellen Besuch in Jerusalem. Die Gespräche mit seinen israelischen Kollegen über den Schmuggel von Plastiksprengstoff durch österreichische UNO-Soldaten für Terroristen in Israel waren nicht angenehm. Viel diplomatisches Geschick war notwendig, um die beiderseitigen Beziehungen wieder ins Lot zu bringen.

Abschleppwagen & Drogenpolizist

Alfred Rupf folgte einem Informantenhinweis. Ein Drogenkurier des kolumbianischen Medellin-Kartells sei mit rund fünf Kilogramm Kokain nach Wien unterwegs. Als der Mann am Flughafen Wien eintraf, begannen die Fahnder mit der Beschattung. Nachdem er ein Hotel in der näheren Umgebung des Flughafens bezogen hatte, bemerkten die Ermittler in der Nacht einen Abschleppwagen mit jugoslawischem Kennzeichen und zwei Insassen, die die Umgebung des Hotels auszukundschaften schienen. Offensichtlich versuchten die Männer herauszubekommen, ob dem Kurier die Polizei gefolgt war. Als sie nichts Verdächtiges bemerkten, stellten die Männer im Abschleppwagen die Erkundungen ein und verschwanden.

Am nächsten Morgen kamen sie mit dem Abschleppwagen wieder und nahmen mit dem Kurier Kontakt auf. Jetzt war der Moment für die Drogenfahnder gekommen, um einzuschreiten. Sie verhafteten alle beteiligten Personen und fanden das angekündigte Kokain und eine kleine Menge Crack in den Kleidern des Kuriers. Der Rupf-Truppe stand aber noch eine Überraschung bevor. Einer der Kontaktleute, die den Stoff hätten in Empfang nehmen sollen, entpuppte sich als italienischer Polizist, der vom rechten Weg abgekommen war. Er arbeitete für die italienische Mafia und war beauftragt worden, das Suchtgift weiter nach Italien zu transportieren.

BIERBAUCH, BUSEN & PERÜCKE

Die Methoden, wie Kuriere Drogen transportieren, sind vielfältig. Afrikaner mit üppigen Dreadlocks, Mähnen, Schöpfen und großen Hüten sind in Wahrheit oft kahl geschoren, tragen Perücken und füllen die Höhlen mit einem Helm aus Suchtgift. Beatrice aus Ghana, die in Holland lebte, kam mit einer steilen Haarmähne in Wien an. Sie sah damit aus wie Tina Turner, doch Alfred Rupf zweifelte daran, dass diese Superfrisur nur aus Haaren bestand. Als die Ermittler den Kopfschmuck näher betrachten wollten, weigerte sich die schwarze Schönheit, weil sie die Zerstörung der teuren Frisur befürchtete. Wie teuer die Haarpracht tatsächlich war, stellte sich heraus, als die Beamten als Haarkünstler tätig wurden und das haarige Geheimnis lüfteten. Beatrice hatte eine Glatze, auf der fast ein Kilogramm Heroin im Wert von drei Millionen Schilling klebte. Darüber war die Perücke gestülpt.

Kuriere verkleiden sich auch als schwangere Frauen, als Busenwunder à la Dolly Buster oder als Männer mit Bierbauch. In den so entstehenden Hohlräumen können problemlos die Drogenpakete verstaut werden. Der Stoff muss aber nicht immer am Körper des Kuriers festgemacht sein. Accessoires und Kleidung wie Futter, Achselpolster, Nähte, Taschentücher, Schmuck oder in Drogen getränkte Haarbänder sind ebenso beliebte Aufbewahrungsmöglichkeiten. Als Transportbehälter eignen sich auch harmlos wirkende Gebrauchsgegenstände wie Brillen, Uhren, Kugelschreiber, Zigaretten, Radios und funktionierende Spraydosen, die eine kleine Dose mit Kokain enthalten. Flüssigkeiten wie Whiskey und Parfüm, Cremen, Haarshampoo, Medikamentenpackungen, Fische oder Fleisch haben auch oft verbotene und wertvolle Füllungen. Drogen können in Thunfisch- und Fleischkonserven, Schokolade und Früchten enthalten sein. Der Erfindungsreichtum der Drogenkuriere kennt keine Grenzen. Kokain wird zu Tellern gepresst und lackiert. Die Suchtgifte werden in Wasser aufgelöst, um mit der Drogenlösung ein Stück Stoff zu tränken. Auch

Krücken, CD-Player, Reisetaschen mit doppeltem Boden, Handys, Musikinstrumente und Steine sind Transportbehälter für die gefährlichen Gifte.

HARMLOSER KOFFER & HEISSES MATERIAL

Ein besonders geniales Drogenversteck benutzte der kolumbianische Diamantenhändler Luis Carlos S., als er versuchte, fünf Kilogramm Kokain nach Österreich zu schmuggeln. S. war von Ecuador über Holland nach Wien gekommen und hatte einen dunkelblauen Koffer mit Stoffbezug bei sich. Bei der Passkontrolle zeigte der Mann plötzlich starke Anzeichen von Nervosität. Schweißperlen auf der Stirn, fahrige Gesten und wirre Antworten veranlassten Djangos Drogenfahnder den 50-Jährigen genauer unter die Lupe zu nehmen. Sie kontrollierten Luis Carlos, der immer wieder beteuerte, in Wien Urlaub machen und Juweliere besuchen zu wollen. Im ersten Kontrolllauf blieben die Beamten erfolglos. Der Koffer hatte keinen doppelten Boden und auch die anderen persönlichen Sachen des Mannes enthielten keine Drogen.
Einem der Fahnder fiel der eigenartige Geruch des Koffers auf, worauf das Gepäckstück ins Labor zur Analyse geschickt wurde. Das Ergebnis musste der Südamerikaner in U-Haft abwarten. Die Chemiker lüfteten das Geheimnis des Drogenkoffers. Er bestand aus fünf Kilogramm gepresstem Kokain, war

mit blauem Stoff überzogen worden und sah mit Transportrollen, Tragegriff, Reißverschluss und roter Umrandung von außen aus wie ein ganz normaler Koffer. Offenbar hatten die Spezialisten der kolumbianischen Kartelle ein besonderes Verfahren entwickelt, den Schnee durch Pressung zu einem derart widerstandsfähigen Material zu verarbeiten, das den Belastungen auf den Flughäfen und im Cargo-Raum stand hielt.

WHISKEYFLASCHEN & STARKE WIRKUNG

Don Johnsons „Miami Vice"-Fälle sind nette Gute-Nacht-Geschichten im Vergleich zur Realität der Drogenfahndung. Dies bewies die Verhaftung eines Mitgliedes des kolumbianischen Cali-Kartells. José Diogenes Q. kam aus Bogotá via Caracas und Zürich nach Wien. In seinem Gepäck befanden sich zwei Flaschen Whiskey, deren Inhalt nicht nur betrunken machte. Im hochprozentigen schottischen Nationalgetränk waren 1,5 Kilogramm Heroin aufgelöst worden, das Q. auf diese Weise an seine Hintermänner in Wien übergeben sollte. Pech für den raffinierten Schmuggler: Die Wiener Grenzpolizei verhaftete ihn, da sein mexikanischer Pass gefälscht war. Die zwei Türken, die aus Brüssel angereist waren, um am Wiener Flughafen den Stoff zu übernehmen, warteten vergeblich auf José und traten unverrichteter Dinge die Heimreise nach Belgien an.

Doch Rupf und Co. erfuhren vom verhafteten José nicht nur, was im Whiskey enthalten war, sondern der Kurier erklärte sich auch bereit, mit der Polizei zusammenzuarbeiten. Er kontaktierte telefonisch seine Auftraggeber in Bogotá und entschuldigte sich für die Verzögerung in Wien. Daraufhin erhielten die Türken in Belgien den Befehl, abermals nach Wien zu fliegen und José in seinem Hotel aufzusuchen. Dort waren allerdings nicht nur der Kurier, sondern auch die Rupf-Mannen einquartiert. Wie im TV-Krimi erschienen zwei Tage später zwei elegant gestylte Herren im Wiener Hotel. Sie wollten wie vereinbart das Heroin abholen. Stattdessen tappten sie in die Falle der Polizei. Nach der Festnahme mussten sie ihr Dressman-Outfit für lange Zeit gegen Sträflingskleidung tauschen.

BREITER GANG & VOLLE HOSEN

Dem messerscharfen Blick der Mitglieder des Django-Teams entging (fast) nichts. Der Afrikaner Papa O, der aus Spanien eingereist war, vermittelte beim Gehen den Eindruck, als hätte er volle Hosen. Grund genug für die Polizei, den Mann gründlich zu filzen. Volltreffer: Der Drogenkurier hatte Windeln getragen, die randvoll mit Stoff gefüllt waren. Als diese beim Gehen unangenehm wetzten, hatte er eine seltsam anmutende Gangart eingelegt. Dabei war der 32-Jährige von der Genialität des Verstecks überzeugt.

Der Senegalese, der in Köln wohnte, hatte in Valencia 200 Gramm Kokain von seinem Mittelsmann bekommen. Er kaufte sich Windeln – wahrscheinlich waren diese Riesenpampers eine Sonderanfertigung – schnitt sie quer auf und füllte die Babytoilette mit dem Stoff. Dann „wickelte" er sich gekonnt und zog die Jeans darüber an. Die spanischen Behörden konnte er tatsächlich mit dem Windeltrick täuschen. In Wien glaubte er ebenfalls ohne Probleme den Zoll zu passieren. Doch er hatte nicht mit Django gerechnet, dem keine krummen Touren und nicht einmal volle Hosen fremd sind.

VOLLE TASCHEN & SCHARFE SCHERE

Zu einfach stellte sich ein Tunesier Drogenschmuggel vor. Er hatte den Stoff in seine Hosentaschen gefüllt und diese zugenäht. Er dachte, dass die Fahnder mit diesem Trick kein Suchtgift bei ihm finden würden. Als er bei einer Kontrolle am Wiener Flughafen aufgefordert wurde, seine Hosentaschen auszuleeren, behauptete er, dass seine Hose keine Taschen hätte. Doch die Ausbuchtungen links und rechts waren deutlich sichtbar. Die Beamten lösten diesen Fall mit einer Schere, trennten die Nähte der Taschen auf und fanden die Drogen. Während die Handschellen klickten, beschwerte sich der Tunesier, laut schimpfend, über die brutale Polizei, die seine Hose zerschnitten hatte.

KLEBSTOFF-FLECK & BLUMENGESTECK

Es gibt auch Kuriere, die sich so ungeschickt anstellen, dass sie direkt darum betteln, erwischt zu werden. Der Chilene Manuel Hugo A. hatte sich bereits beim Fälschen seines Reisepasses dilettantisch angestellt. Beim Einkleben des Fotos kleckerte er so stark mit Klebstoff, dass die Manipulation auch einem Unkundigen auffallen musste. Als er bei der Einreise nach Österreich dieses Dokument vorzeigte, schöpften die alten „Django-Füchse" sofort Verdacht. Sie vermuteten, dass der unechte Ausweis nicht das einzige sein würde, was an dem 47-Jährigen illegal war. Manuel brachte eine Reihe sehr geschmackvoller Blumengestecke mit nach Österreich, die – wie die Überprüfung zeigte – nur einen floristischen Fehler hatten: Die Töpfe, in denen die Blumen arrangiert waren, hatten eindeutiges „Übergewicht". Zuerst ließen die Fahnder den Amateurschmuggler unbehelligt die Kontrolle passieren, dann begannen sie ihn zu observieren. Er stieg mitsamt den Pflanzen in ein Taxi und fuhr zum Südbahnhof. Dort nahmen ihn die Polizisten fest. Sie buddelten in der Erde der Blumentöpfe und siehe da: Sie war weiß wie Schnee. Der Mann, der mit der Swissair von São Paolo nach Wien geflogen war, hatte unter einer dünnen Schicht Blumenerde 2,5 Kilogramm Kokain transportiert. Es hätte ihm rund 50.000 Schilling an Überbringerhonorar eingebracht. Stattdessen bekam er einige Jährchen Gefängnis aufgebrummt.

WATSCHELGANG & GEHBEHINDERUNG

Sehr beliebt als Versteck sind auch ausgehöhlte Schuhe. Der Stoff wird in den manipulierten Schuhsohlen transportiert. Rupf und ein Kollege beobachteten wieder einmal routinemäßig die Passagiere eines Flugzeugs und bemerkten den deutschen Geschäftsmann Helmut H. Mit seinem Gang, der an Frankensteins Monster erinnerte, machte er sich verdächtig. Der Mann, der offiziell Limousinen in den Libanon exportierte, behauptete, er habe orthopädische Einlagen. Die Fahnder forderten ihn auf, die Schuhe auszuziehen. Danach war der Mann, der „wie eine Ente ohne Wasser gewatschelt war" (Zitat Rupf) plötzlich um fünf Zentimeter kleiner. In jedem der Gehwerkzeuge fanden die Ermittler ein Kilogramm Cannabisharz. Das Haschisch war während der Reise hart geworden und der Mann konnte die Sohlen nicht mehr abbiegen.

Am nächsten Tag entstieg ein Syrer der Maschine mit dem gleichen Abflugort wie der Deutsche und ging auf dieselbe seltsame Weise wie der Kurier am Vortag. Bei der Kontrolle des Mannes fanden die Fahnder Heroin in den Schuhsohlen. Doch dieser Drogenschmuggler hatte nicht wegen des Suchtgiftes einen derart merkwürdigen Gang, sondern er litt tatsächlich an einer Gehbehinderung.

BERNSTEIN & BRIEFMARKEN

In Kolumbien wurden zwölf Kilogramm Kokain in Mineralien eingearbeitet, die auch falscher Bernstein genannt werden. Dieses junge Harz kann geschmolzen und neu geformt werden. Die daraus entstehenden Schmuckstücke wirken wie aus echtem Bernstein gefertigt. Wenn das Harz nun Drogen enthält, sind diese von außen nicht sichtbar. Alfred Rupf bekam von den Polizei-„Amici" in Rom einen Tipp, dass derartige Pakete auf dem Postweg unterwegs nach Österreich seien. Nach der Ankunft der erwarteten Sendung wurde die Kreativität der Fahnder ordentlich auf die Probe gestellt. Sämtliche Versuche, einem der Bernsteinbrocken Drogen zu entlocken, schlugen zunächst fehl. Erst ein Experte der kriminaltechnischen Zentralstelle kam den Drogen mit brutaler Gewalt auf die Spur. Er zerschlug einen der Steine. Der falsche Bernstein war mit Kokain gefüllt und dieser mit Kunstharz verschlossen. Nach dieser Erkenntnis ließen die Beamten die Sendung an den Bestimmungsort, ein Juweliergeschäft in Krems, weitergehen. Der Händler wurde observiert und genau in dem Moment verhaftet, als er begann, die Schmuckstücke zu zertrümmern. Die Römer waren auf die Paketsendung, von denen weitere auch in andere Länder verschickt wurden, durch eine augenscheinliche Auffälligkeit aufmerksam geworden. Das anfallende Porto für die Postsendungen war mit 40 Briefmarken auf das Paket geklebt worden.

LEDERJACKE & CHEMIE

Ungewöhnlich transportierte auch ein 26-jähriger Wiener Kokain. Er hatte in einer Kooperation mit der kolumbianischen Drogenmafia das große Geld gerochen. Der bereits vorbestrafte S. flog nach Bogotá, angeblich um eine Freundin zu besuchen. Die „Freundin" entpuppte sich aber als Kontaktmann des Drogenkartells. Er bot S. einen risikofreien Job an. Der Wiener bekam eine Lederjacke, die zuvor in einer Kokainlösung getränkt und getrocknet worden war. Das Leder war so mit drei Kilogramm reinem Kokain angereichert worden. Er sollte mit dem Kleidungsstück nach Wien fliegen und es einem anderen Mittelsmann übergeben. In einem Labor wäre die Jacke dann ausgelaugt und das reine Kokain in einem chemischen Verfahren herausgefiltert worden. S., der in Wien vom Arbeitslosengeld lebte, war von diesem Job begeistert, denn die Dealer versprachen ihm für den Transport ein Honorar von 90.000 Schilling. Gut gelaunt landete er in Wien und konnte den Flughafen unbehelligt verlassen. Doch die Fahnder waren durch einen Hinweis und S.' früherer Vergehen auf der Hut. Sie observierten den Mann bis zu seiner Wohnung im 10. Bezirk. Mit der Festnahme wollten sie warten, bis ein Kontaktmann aufgetaucht war. Als keiner kam, schritten die Beamten ein und nahmen den Kurier fest. Im Verhör weihte S. die Polizisten in das Geheimnis seiner millionenschweren Lederjacke ein.

ALTER FISCH & FRISCHE DROGEN

Ein fast perfektes Versteck hatte sich der Nigerianer Tope O. für den postalischen Transport von Marihuana aus seiner Heimat zu Landsleuten in Niederösterreich und der Steiermark ausgedacht. Er packte den Stoff gemeinsam mit Maismehl zwischen stinkende Fische, um die feinen Nasen der Fahnder und der Rauschgifthunde zu täuschen. Eine Zeit lang funktionierte der Schmuggel reibungslos, bis die Polizei in Schwechat einen Hinweis bekam, die Luftpostpakete aus Nigeria – adressiert an Kelvin B. am Semmering – zu untersuchen. Als die Fahnder die verdächtige Sendung öffneten, raubte ihnen der durchdringende Gestank nach verdorbenem Fisch den Atem. Nach dem ersten Geruchsschock unterzogen sie die Fische einer genauen Begutachtung und fanden in ihnen insgesamt 1,8 Kilogramm Marihuana. Nachdem sechs Nigerianer verhaftet worden waren, fanden die Polizisten ein von der einzigen Frau der Drogengang – Rebecca O. – penibel geführtes Buch mit Eintragungen, wann wie viel Stoff nach Österreich gekommen war. Unter dem übel riechenden Deckmäntelchen hatten die Afrikaner nach und nach 13 Kilogramm Marihuana im Wert von 300.000Schilling nach Österreich geschmuggelt.

KÖRPERÖFFNUNGEN & VERDAUUNGSTRAKT

Sämtliche Körperhöhlen sind geeignete Drogenverstecke. Ein Mal pro Monat dort ein gefülltes Präservativ zu transportieren bringt 200.000 bis 300.000 Schilling ein. Oft setzen sich Drogenschmuggler dabei auch selbst schachmatt, bevor die Polizei die heiße Ware entdeckt. Alfred Rupfs Leuten wurde durch einen Informanten in Bangkok ein Österreicher angekündigt, der Heroin gekauft hatte. Der Mann versteckte die 200 Gramm Stoff in zwei Präservativen in seinem After. Bis kurz vor der Landung in Wien-Schwechat lief alles nach Plan. Wie so oft im Leben ist aber die Natur stärker als der Mensch, und so beförderte ein menschliches Bedürfnis die teure Fracht in die Hose des Mannes. In der Panik, mit dem Stoff erwischt zu werden, flüchtete er auf die Toilette und schluckte die beiden Präservative. Was nicht nur ungewöhnlich starken Mundgeruch verursachte, sondern noch andere verheerende Folgen nach sich zog. Nach der Einvernahme und der Untersuchung durch den Amtsarzt lieferten die Beamten den Unglücksraben ins AKH ein. Die Drogenbehälter wurden ihm während einer sieben Stunden dauernden Prozedur mit einer Drahtschlinge aus dem Magen gefischt. Wahrscheinlich hat er nie wieder Drogen transportiert. Wenn doch, dann verstaute er sie sicher in einer Aktentasche und riskierte lieber, erwischt zu werden.

BODYPACKER & RÖNTGENSTRAHLEN

Besonders schwierig ist es für die Exekutive, das Gift bei den so genannten „Bodypackern" zu finden. Sie verschlucken den Stoff, bevor sie ihre Reise antreten und scheiden ihn am Ankunftsort auf natürlichem Weg wieder aus. Sie können bis zu zwei Kilogramm Heroin verschlucken. Der Stoff wird zu einer Stange gepresst, in etwa fünf Zentimeter lange Stücke geschnitten, wovon jedes in einen Gummifingerling verpackt wird. Einige von den Bodypackern, die erwischt wurden, hatten bis zu 260 dieser „Päckchen" in ihrem Verdauungstrakt. Zuerst trainieren sie mit weichen Gegenständen, bevor sie sich die harten Drogen in der harten Verpackung einverleiben. Ergänzend dazu gehören auch darmlähmende Mittel, damit der Stoff die nächsten sieben bis acht Stunden während des Fluges dort bleibt, wo er soll. Außerdem dürfen die schwer bepackten Kuriere keine Speisen und Getränke zu sich nehmen, denn dies würde nur die Verdauungstätigkeit anregen. Die Bodypacker treten häufig in ganzen Gruppen auf, wobei nur eine der Personen Drogen geschluckt hat. Sie hoffen, dass die Person mit den Drogen von einer Kontrolle verschont bleibt und den Stoff aus dem Flughafenbereich bringen kann. Festgestellt kann die teure Fracht im menschlichen Container nur per Röntgen werden. Bodypacker gefährden durch ihre Art Drogen zu transportieren nicht nur ihre Gesundheit. Sie befinden sich auch in ständiger Lebensgefahr.

So kann es passieren, dass eines der verschluckten Päckchen im Körper des Bodypackers aufgeht und dieser durch die konzentrierte Menge an Stoff vergiftet wird. Einige konnten im letzten Moment gerettet werden und überleben, doch mindestens ebenso oft endet ein solcher Transport letal.

DROGENSCHLUCKEN & KEIN ENDE

Ihre Verdauungsapparate strapazierte ein Kurierpärchen aufs Äußerste, weil das Schicksal den Bodypackern übel mitspielte. Das Ehepaar, das 2 kg Kokain geschluckt hatte, wollte mit seiner Tochter von Südamerika nach Wien fliegen. Allerdings ließen die Beamten am Flughafen Caracas das 8-jährige Mädchen nicht ausreisen. Der Pass wies einige Ungereimtheiten auf. Die Familie musste wieder nach Hause, die Koffer auspacken und die Gedärme entleeren. Zwei Tage später - der Pass war nun in Ordnung gebracht - begann die unangenehme Prozedur von neuem. Fast 200 Kokainkugeln kamen wieder an den schon gewohnten Ort...
Diesmal hob die Bodypacker-Familie erfolgreich ab, doch schafften sie es nur bis auf die Insel Curacao. Dort erlebten sie die nächste Enttäuschung. Es gab Probleme mit den Tickets nach Amsterdam. Für die Bodypacker bedeutete dies den abermaligen nicht geplanten Abschied der Drogen aus ihren Körpern. Nach ein paar Tagen schluckte das Paar die wertvolle Fracht zum dritten Mal. Dieser Versuch schien Erfolg ver-

sprechend. Die Familie landete in Wien und glaubte, ihre Mission erfolgreich zu Ende geführt zu haben. Sie hatten aber nicht mit den Wiener Beamten gerechnet, die die bereits erschöpften Kuriere zum Röntgen schickten. 2 kg Kokain mussten zum dritten Mal ausgeschieden werden und sagten den beiden endgültig „Adieu".

Kofferlos & Selbststeller

Als „Mann ohne Gepäck" entpuppte sich ein Drogenkurier mit einem gefälschten Reisepass und zehn Kilogramm Haschisch im Gepäck. Er war von Katmandu über Wien nach Amsterdam unterwegs. Die Flugroute deutete für die Fahnder nicht auf Schmuggel von Drogen hin, denn der Stoff kam damals in der Regel von Amsterdam nach Österreich und nicht umgekehrt. Allerdings wurde der Pole verhaftet, weil er mit einem falschen portugiesischen Ausweis reiste. Nachdem er aber annahm, die Polizei hätte die Drogen in seinem Koffer gefunden, legte er ein Geständnis ab. Die Fahnder begannen sofort nach dem Koffer zu suchen, doch dieser hatte seine Reise bereits fortgesetzt. Der wichtige Beweis, nämlich das Gift, war mitsamt dem Koffer zu diesem Zeitpunkt schon unterwegs nach Amsterdam. Nach einem Anruf bei den niederländischen Kollegen schickten diese das Corpus Delicti postwendend zurück zu Alfred Rupf und dieser den Polen, einen der seltenen „Selbststeller", ins Gefängnis.

Römische Drogen & Djangos Rettung

Eigentlich hätte die Drogenoperation in Italien enden sollen. Durch Rupf und sein Team war aber schon am Wiener Südbahnhof Endstation. Der Drogenkurier Agazio T. alias Fernando R. sollte von Bogotá über Frankfurt nach Wien fliegen und von dort aus zwölf Kilogramm Kokain weiter nach Italien transportieren. Seine Hintermänner hatten den 56-jährigen Installateur aus Rom aber nicht besonders gut ausgerüstet. Abgesehen von der verdächtigen Flugroute hatte Agazio den Pass eines 27-jährigen Mannes bei sich. Die Fahnder planten, den Kurier mit seiner heißen Fracht nach Italien weiterreisen zu lassen. Spezialagenten sollten ihn beschatten und gemeinsam mit dem Adressaten des Stoffes verhaften. Sowohl der Drogenschmuggler als auch Alfred Rupf und sein Team, sie sollten den Italiener bis zur Grenze observieren, hatten sich am Südbahnhof eingefunden, als eine überraschende Nachricht aus Italien kam: Die Operation könne aus organisatorischen Gründen nicht fortgesetzt werden (was immer die Italiener damit meinten). Den Wiener Fahndern blieb also nichts anderes übrig, als den Kurier in letzter Minute vor Abfahrt des Zuges selbst zu verhaften. In einem großen Koffer voll Damenunterwäsche wurden zwölf ziegelförmige, wachsüberzogene Kokainklötze im Wert von 50 Millionen Schilling gefunden. Der Installateur war von

„Kredithaien" zu diesem Transport gezwungen worden, um so seine Schulden zu tilgen.

HEISSER FLIRT & FALSCHER FREIER

Die Italienerin Gaetana I. flog aus Buenos Aires über Frankfurt nach Wien, um dann mit dem Zug in ihre Heimat zurückzukehren. Sie hatte in ihrem Gepäck zehn Kilogramm Kokain im Wert von 20 Millionen Schilling versteckt. Außerdem schien die Frau um jeden Preis einen Mann für die nächste Nacht finden zu wollen. Bereits im Flugzeug hatte sie sich unverhohlen an männliche Fluggäste herangemacht. Was die rassige Schönheit nicht wusste: Die Fahnder der Kripo Schwechat hatten die 34-Jährige wegen Drogenschmuggels im Visier. Sie durfte unbehelligt durch den Zoll, und die Ermittler hefteten sich an die Fersen der Frau, die sich mit einem Taxi zum Südbahnhof bringen ließ. Während dieser Fahrt war auch der Taxifahrer das Objekt ihrer sexuellen Begierde. Die Fahnder wollten herausfinden, für welches Ziel der Stoff bestimmt war. Sie beobachteten, dass Gaetana ein Schlafwagenticket nach Rom löste, und folgten der Frau, die keine Probleme mehr mit der Polizei befürchtete, auf den Bahnsteig.

Dort wartete bereits ein speziell getarnter Drogenfahnder auf die Italienerin. Die Kurierin war von dem gut aussehenden Mann hingerissen, der sich als Tourist ausgab. Sie flirtete intensiv mit dem Polizisten. Als sie bemerkte, warum sich der Supermann so brennend für sie interessierte, war es zu spät für Gaetana. Nicht ein One-Night-Stand war das Ziel seiner Bemühungen, sondern der Inhalt von Gaetanas Reisetasche. Außer diesem Schmuggel von zehn Kilogramm Kokain gestand die Italienerin noch zwei weitere Transporte, bei denen sie sich offenbar nicht so sehr vom starken Geschlecht ablenken hatte lassen.

Ahnungsloser Kavalier & gefährliche Schönheit

Ein Geschäftsmann und Gentleman lernte im Flugzeug eine attraktive Dame kennen. Der Mann war glücklich, neben der rassigen und temperamentvollen Italienerin zu sitzen, und die beiden flirteten bis zur Landung. In Wien verließen sie die Maschine und wirkten wie ein frisch gebackenes Liebespaar. Als Kavalier der alten Schule bot er sich an, seiner Eroberung die Tasche zu tragen, die einige Kilogramm Drogen enthielt. Nachdem Rupf und Co. bereits informiert worden waren, dass die dunkelhaarige Schönheit im Besitz von Suchtgift sei, observierten sie das verliebte Pärchen. In der Halle wartete ein Wiener Geschäftsmann auf den Mann. Die Dame und der Abholer wurden einander vorgestellt und das Trio nahm in einem Lokal Platz, um eine Tasse Kaffe zu trinken. Als sie das Café verließen, schlugen die Beamten zu. Alle drei wanderten wegen Drogenschmuggels ins Gefängnis, da die beiden Geschäftsleute für die Hintermänner gehalten wurden. Erst umfangreiche Ermittlungen führten zur Klärung der Hintergründe und bewiesen die Schuldlosigkeit der Herren. Flirts im Flugzeug waren nach diesem Erlebnis für den Kavalier tabu.

COSTA RICA & KNAST

Anlässlich eines Urlaubs in Costa Rica lernte der Niederösterreicher Franz G. den Landsmann Alexander S. kennen. Dieser machte ihm das Dealen mit Kokain schmackhaft und stellte das große Geld in Aussicht. Franz war von den Möglichkeiten begeistert und kehrte mit dem scheinbar sicheren Plan, in Eigenregie Heroin zu verkaufen, nach Österreich zurück. Schnell hatte er auch eine Transportperson für die Drogen gefunden. Christine T. erschien G. der perfekte Kurier für seinen Stoff zu sein.

Er lud die 52-jährige Kellnerin zu einem Urlaub auf der Insel ein und wollte ihr außerdem 100.000 Schilling für das Mitnehmen eines Koffers aus Costa Rica bezahlen. Christine aalte sich nichts ahnend in der Sonne, und Alexander S. übergab ihr den Koffer für Franz G., der vier Kilogramm Kokain im Wert von fünf Millionen Schilling enthielt. Christine flog nach Wien zurück und nahm den Koffer mit nach Hause. Was sie nicht wusste: Sie wurde von Djangos Mannen observiert. Bei einer Hausdurchsuchung bei der Kellnerin fand Alfred Rupf im doppelten Boden des Koffers den Stoff. Obwohl Christine leugnete, von der Existenz des Heroins gewusst zu haben, wanderte sie, wie auch Franz G., ins Gefängnis. Rückblickend gesehen, kam der Kellnerin der geschenkte Urlaub teuer zu stehen.

RUMÄNISCHE HANDBALLERIN & VERSCHWUNDENE TOCHTER

1988 kam die Rumänin Nicoleta V. als Asylantin nach Österreich und unterstützte die österreichische Handballnationalmannschaft mit ihren sportlichen Leistungen. Nach dem Ende ihrer Karriere lebte die Frau mit ihrer Tochter Agnes von Sozialhilfe. Als Kellnerin in einem Kaffeehaus verdiente sie nebenbei schwarz rund 15.000 Schilling. Dort lernte sie einen Engländer kennen, der sie zu einer Reise nach Südamerika einlud. Als sie aus Venezuela zurückkehrte, wurde sie von der Polizei beschattet. Die Beamten folgten ihr bis zu ihrer Wohnung, doch die Frau verhielt sich seltsam. Sie betrat nicht das Appartement, sondern machte kehrt und lief einem Beamten in die Arme. Nachdem die Fahnder vermuteten, dass sie den Mann als Polizisten erkannt hatte und flüchten wollte, nahmen sie die Frau fest.

In der Videotasche der Sportlerin fanden die Polizisten einen belastenden Inhalt. Nicoleta beteuerte, von den fünf Kilogramm Kokain nichts gewusst zu haben. Ihre Tasche war ihr angeblich in Venezuela gestohlen worden und ihr englischer Freund Charly hatte ihr diese Videotasche besorgt. Dass sie den Stoff enthielt, sei ihr nicht bewusst gewesen. Warum schwieg die Frau eisern und gab keine Details über die Hintermänner zu ihrer Entlastung preis? Sie wollte ihre achtjährige Tochter schützen, die seit der Reise von Nicoleta spurlos verschwunden war. Um das Leben von Agnes zu retten, die sich wahrscheinlich in den Händen der Drogendealer befand, verschwand die junge Mutter für drei Jahre hinter schwedischen Gardinen.

Containerschiff & Stoff in Holland

Die internationale Kooperation der Behörden im Kampf gegen Drogen ist deshalb besonders wichtig, da nur so auch die Hintermänner ausgeforscht werden können. Immer häufiger bedienen sich die Fahnder so genannter „kontrollierter Lieferungen". Dabei wird der Transport der Drogen über mehrere Kontinente bzw. durch einige Länder observiert. Eine Methode, die natürlich auch die österreichischen Drogenfahnder praktizieren.

Django und Co. bekamen den Hinweis, dass das Schiff „Maipo" aus Kolumbien, mit Jeanshemden als Fracht, nach Europa unterwegs war. Unter der Ladung befand sich auch ein Container, der an eine Wiener Firma adressiert war. Die Fahnder überprüften das Unternehmen und stellten fest, dass es sich um eine Briefkastenfirma handelte. Die Wahrscheinlichkeit war daher groß, dass der Container gar nicht für die Destination Wien bestimmt war. Die Fracht, sicher keine Jeanshemden, sollte irgendwo auf der Strecke gelöscht werden. Eine „kontrollierte" Lieferung machte keinen Sinn, deshalb setzte sich Django mit den Kollegen in den Niederlanden in Verbindung, wo das Schiff anlegen würde. In Amsterdam durchsuchten die Holländer die „Maipo" und fanden in dem bewussten Container 1.100 Kilogramm Kokain, die sie sicherstellten. Außerdem wanderten neun Dealer ins Gefängnis.

KONSERVENDOSE & PIRANHAS

Manchmal schreibt das Leben wildere Abenteuer als jeder Roman. Die Erlebnisse eines Wiener Drogendealers nennt Alfred Rupf „Operation Rio". Er war einer Wiener Drogenbande auf die Spur gekommen, die Kokain von Südamerika nach Österreich schmuggelte. Die meisten Bandenmitglieder wurden in Österreich verhaftet, aber zwei der Drogendealer befanden sich zu diesem Zeitpunkt noch in Brasilien. Einer von ihnen wurde in Brasilien mit Kokain gefasst und verhaftet. Er musste seine Strafe in einem Dschungelgefängnis verbüßen. Die menschenunwürdigen Zustände veranlassten den Mann, gemeinsam mit einem südamerikanischen Häftling, zur Flucht. Die Männer formten aus einer Konservendose einen Schlüssel,

mit der sie die Zelle öffneten und entkamen in den Dschungel. Unter der Führung des Einheimischen erreichten sie schließlich den Amazonas. Um weiterzukommen, mussten sie ihn trotz Schlangen, Kaimanen und Piranhas durchqueren. Endlich, nach langem, kräfteraubendem Schwimmen, war Land in Sicht und sie kletterten erschöpft, aber glücklich ans Ufer. Die Freude war vorbei, als sie bemerkten, dass sie sich auf einer Insel befanden. Sie gönnten sich eine Ruhepause und warfen sich wieder in die Fluten des Amazonas. Unter großen körperlichen Anstrengungen erreichten die beiden bewohntes Gebiet, von wo aus die „Reisegefährten" schließlich getrennte Wege gingen.
Der Wiener schlug sich bis zur nächsten österreichischen Botschaft, um sich den österreichischen Behörden zu stellen. Nach seinem Transport nach Wien verhafteten ihn Djangos Männer am Flughafen. Die Jahre, die er dann in einem heimatlichen Gefängnis absaß, kamen dem Mann wie ein Aufenthalt in einem Erholungsheim vor.

Nervengift & Legalität

Nicht immer waren es Kokain, Heroin und Haschisch, die Djangos Arbeit dominierten. Auch mit selteneren Suchtgiften mussten sich die Fahnder herumschlagen. Als mehr als eine Tonne von angeblichem Gemüse in Wien-Schwechat ankam, trauten die Ermittler dem Frieden nicht. Eine Probe der

Pflanzen wanderte ins Labor, wo die Chemiker dem angeblichen Grünzeug ein eindeutiges Attest ausstellten. Es handelte sich um Kath, eine besonders heimtückische Drogenpflanze. Beim Kauen der Blätter und Stängel wird ein Stoff freigesetzt, der das Nervensystem angreift. In Österreich ist dieser Stoff verboten. Allerdings kann das Gift laut Gesetz nur in pulverisierter oder flüssiger Form beschlagnahmt werden. So musste die Polizei die aus Jemen und Afrika stammende Pflanze wieder freigeben, obwohl die „Grasfresser" ständig kollabieren, rapide Abnehmen und an verschiedenen Nervenleiden erkranken. Allerdings wusste Django, dass die Adressaten wenig Freude an dem Kraut haben würden. Die Pflanze war bereits verdorben und ungenießbar, als sie den Flughafen Wien zum Weitertransport verließ.

DIPLOMATENSOHN & FLUCHT NACH CHILE

Die Django-Jünger hatten einen Tipp für eine Drogenlieferung bekommen und warteten auf einen Passagier aus der Türkei, der jedoch nicht ankam. Also kontrollierten die Fahnder einige andere Fluggäste. Auch der 16-jährige Adoptivsohn des französischen Handelsattachés in Ankara kam an diesem Tag in Wien an. Der Schüler wurde in Chile geboren und lebte mit seinen Eltern in Senegal, Südafrika, Sri Lanka und Frankreich, bevor sein Vater in die Türkei versetzt wurde. Michel setzte darauf, dass er immun und durch den Diplomatenpass vor polizeilicher Überprüfung geschützt sei. Doch die Django-Truppe ließ sich durch seinen Status nicht abhalten, durchsuchte den diplomatischen Jüngling und fand bei ihm 6,5 Kilogramm Kokain.

Er hatte in Ankara begonnen, Haschisch zu konsumieren und sich in Dealerkreisen zu bewegen. Um sich neue finanzielle Mittel für Drogenkäufe besorgen zu können, ging Michel auf das Anbot des nigerianischen Dealers Prince ein. Er wollte dem Jungschmuggler 3.000 US$ bezahlen, wenn er 300 Gramm Heroin über Wien und Venedig nach Rom bringen würde. Mit dem Startkapital wollte Michel nach Chile auswandern. Seinen ahnungslosen Eltern hatte er das Märchen von einem gemeinsamen Ausflug mit Freunden an einen See nahe Ankara erzählt. Er hatte sich zwar gewundert, dass sein Gepäck durch ein 300-Gramm-Stoff-Paket derartig schwer geworden war, aber durch den Besitz des Diplomatenpasses machte er sich keine Sorgen. Die hochfliegenden Reisepläne des Schmugglers, der offenbar zu viele Freiheiten genossen hatte, endete mit drei Jahren Haft in einem Jugendgefängnis, ohne dass der Papa daran etwas richten konnte.

GEHEIMTREFFEN & TESTKOFFER

Treffen à la „Dritter Mann" waren in Djangos Karriere keine Seltenheit. Als er eines Abends aus London nach Wien zurückkam, erwarteten ihn die Kollegen bereits am Flughafen. Sie hatten von einem Mann einen Anruf bekommen, der noch am gleichen Abend einen Rückruf von Rupf in seinem Wiener Innenstadthotel verlangte. Django rief den Mann an, der mit einem leichten italienischen Akzent sprach. Er schlug Rupf einen Treffpunkt vor und gab als Erkennungszeichen Farbe und Nobelmarke seines Autos an. Pünktlich auf die Minute fand sich der Mann am vereinbarten Ort ein. Seine Information: In den nächsten Tagen würden 50 Koffer, gefüllt mit je zwei Kilogramm Heroin, auf dem Luftweg nach Europa kommen. Die ersten dieser Gepäckstücke hatten Wien als Bestimmungsort. Der Mann kannte die Koffer genau und bot sich an, täglich zur Landung der Maschine aus Damaskus auf den Flughafen zu kommen, um die Drogenkoffer zu identifizieren.

Rupf und der Informant kontrollierten am nächsten Tag in der Gepäckzentrale die Koffer aus Damaskus: Fehlanzeige. Sie wiederholten das Spielchen bei der nächsten Damaskus-Maschine und der Informant erkannte tatsächlich einen der Drogenkoffer. Rupf bohrte ihn an und er enthielt, wie erhofft, Heroin. Dann stellte er den Koffer wieder auf das Förderband und ließ ihn observieren. Einer der Passagiere aus der Damaskus-Maschine nahm das Gepäckstück und traf sich in der Ankunftshalle mit seinem Abholer. Die Männer fuhren Richtung Südbahnhof, denn offenbar war der Stoff für den Transport nach Italien bestimmt. Die Fahnder schritten ein,

nahmen Kurier und Abholer fest und fanden das Heroin in den Seitenwänden des Koffers.
Der Informant sagte voraus, dass in den nächsten Tagen Koffer mit gleichem Aussehen und Drogenfüllung in Wien ankommen würden. Er wollte weiterreisen und die Identifizierung der Lieferungen in anderen europäischen Städten fortsetzen.
Mit der nächsten Maschine Damaskus – Wien kam wieder ein Passagier mit einem genau gleich aussehenden Koffer voll Heroin an. Er wurde festgenommen, doch als die Fahnder feststellten, dass das angebliche Heroin ungewöhnlich intensiv nach Essig roch, wurde der Stoff umgehend im Labor analysiert. Tatsächlich handelte es sich um mit Essigsäure versetztes Koffein und der Kurier musste freigelassen werden. Transport von Kaffee, wenn wie in diesem Fall auch in sehr ungewöhnlicher Form, ist schließlich nicht strafbar. Den Fahndern war klar: Der Essig-Kaffee-Koffer war ein Testkoffer. Das hinter dem Schmuggel stehende Drogenkartell wollte damit überprüfen, ob die Polizei den echten Heroinkoffer zufällig gefunden hatte oder ob sie auf Gepäckstücke dieser Marke und Farbe besonderes Augenmerk legte. Nach dem Fund des falschen Stoffes kam kein vergleichbarer Koffer mehr in Wien an.
Lupenrein war auch der angebliche Informant nicht. Dieses hohe Tier der italienischen Mafia hatte – wie sich später herausstellte – der Polizei nur deshalb so bereitwillig unter die

Arme gegriffen, um die Konkurrenz lahm zu legen. Eine arabische Drogengruppe hatte versucht, in Italien Fuß zu fassen, wobei sie die Preise ruinierte und den Italienern Geschäft wegnahm.

DIPLOMAT & AFRIKANER

Mit der Zeit erkannten Drogenorganisationen auf der ganzen Welt, dass Afrikaner als Kuriere auf Grund ihrer Hautfarbe mehr auffallen als Weiße. Also spannte ein kolumbianisches Kartell einen Botschaftsangehörigen, seine Mutter und einen Lederhändler mit weißer Hautfarbe für ihre Zwecke ein. Letzterer reiste in Österreich ein. Djangos scharfen Augen fiel ein wichtiges Detail auf. Der Lederhändler bewahrte seinen Reisepass in einem billigen Plastiketui auf, obwohl er von Berufs wegen an der Lederquelle saß. Der Mann, der Django „spanisch" vorkam, wurde observiert, als er sich sehr vertraut mit einem kolumbianischen Pärchen unterhielt.

Gleichzeitig wollten der junge französische Botschaftsangehörige in Barcelona Emmanuel C. und seine Mutter Liliane S. in Österreich einreisen und durch den Zoll gehen. Dem Beamten fiel auf, dass die beiden identische Reisetaschen bei sich trugen wie das observierte kolumbianische Pärchen. Der Zöllner schlug Alarm, und das Gepäck der Franzosen wurde durchsucht. Die Frau schrie, dass es sich um eine Verwechslung handle, als die Polizisten 25 Kilogramm Kokain zu Tage förderten. Durch ihr hysterisches Verhalten warnte die Französin die unentdeckten Komplizen, wie die späteren Aussagen der Beteiligten zeigten.

Der spanische Lederhändler Felix M. hatte den Stoff in Bogotá mit einer Anzahlung von 75.000 US$ gekauft. Als Kurier für das Kokain bekam der Spanier das kolumbianische Pärchen Bernardo G. und Maria Fanny R. zur Seite gestellt. Das Drogentrio flog mit zwei gleichen Taschen mit goldenem Reißverschluss, voll gepackt mit dem Stoff, nach Frankfurt. Dort warteten die beiden Franzosen mit identischen leeren Taschen, aber silbernem Zippverschluss. Als alle fünf Personen am Flughafen Wien angekommen waren, wechselten sie die Taschen und entfernten die Gepäcklabel. Die Französin behauptete, keine Ahnung von dem Drogenschmuggel gehabt zu haben, sie wäre von ihrem Sohn zu der Reise nach Wien eingeladen worden. Die anderen vier rückten schließlich mit der Wahrheit heraus, als die Polizisten die Schlüssel für die Taschen bei ihnen gefunden hatten. Das Kokain sollte von Wien nach Barcelona als Diplomatengepäck transportiert werden.

HEROINKOFFER & KEIN BESITZER

Als absoluten Pechvogel kann man jenen Drogenkurier bezeichnen, der eine Reisetasche mit sechs Kilogramm Heroin am Flughafen Wien verloren hatte. Im Fundbüro des Zollamtes am Fughafen Wien wurde eine herrenlose Reisetasche abgegeben. Nachdem die Djangos festgestellt hatten, was sich in dem herrenlosen Gepäckstück befand, lief die Fahndung nach dem Besitzer. Der Däne Erik J., der wahrscheinlich im Auftrag einer nigerianischen Dealerbande nach Wien gekommen war und den Stoff nach Italien weiterliefern sollte, wurde verdächtigt, der Besitzer zu sein. Leider war beim Umladen des Gepäcks ausgerechnet der Henkel der Tasche abgerissen, an dem das Namensschild und das Label hing, auf dem der Bestimmungsort stand. Der Besitzer tauchte nach dem Missgeschick in Wien unter, da er sich vor seinen Auftraggebern fürchtete. Der schlimmste Wermutstropfen für den Kurier: Er hätte für den Transport rund 40.000 Schilling bekommen sollen.

SCHNITZELJAGD & DROGENCOMPUTER

Django wusste, zu welchem Zeitpunkt aus Lima via Amsterdam eine große Drogenlieferung kommen würde. Wie erwartet kamen ein arbeitsloser slowakischer Computertechniker und seine Schwester am Flughafen Wien an, die Djangos Fahnder aufs Korn nahmen. Sie waren millionenschwer, denn im Koffer brachte das Geschwisterpaar etwa sieben Kilogramm Heroin mit. Um an die Hintermänner des Drogendeals zu kommen, nahmen die Fahnder die beiden nicht fest, sondern beschatteten sie. In der Ankunftshalle wartete ein 70-jähriger Belgier auf Brüderchen und Schwesterchen und kutschierte sie zu einem Hotel in Fischamend. Ein Telefonat mit den Hintermännern dirigierte die drei in die Wiener Innenstadt.

Auf dem Weg dorthin verhielten sich die Kuriere wie bei einer Schnitzeljagd. Ständig wurden den beiden Slowaken und dem Belgier per Handy neue Treffpunkte bekannt gegeben. Das Verwirrspiel veranstalteten die Dealer, weil sie – zu Recht – die Überwachung durch die Polizei befürchteten. Mittlerweile hatte die Drogenbande eine Gegenüberwachung der Beamten aufgebaut und eine gewisse Zeit lang war nicht klar, wer eigentlich wen observierte. Die Hintermänner wollten mit dieser Maßnahme kontrollieren, ob die Polizei ein Auge auf die Kuriere hatte. Um zu verhindern, dass die Situation außer Kontrolle gerät, schnappten die Fahnder die drei Beteiligten. Außer einem schwiegen die Verhafteten eisern und beteuerten ständig, von Drogen nichts zu wissen. Sie hatten geglaubt, in dem Koffer voll Stoff wären Computerfestplatten gewesen.

Der Belgier war der einzige, der sofort gestand und sich bereit erklärte, mit der Polizei zusammenzuarbeiten. Er lieferte den Ermittlern die Namen der Hintermänner. Den Drahtziehern teilte er mit, die geplante Übergabe in Salzburg wäre zu riskant. Es wurde ein Treffen in Wien vereinbart. Die Chefs kamen in die Bundeshauptstadt und dirigierten den

70-Jährigen zuerst in einen Schnellimbiss, dann in ein Café nahe dem Schwedenplatz, wo die Übergabe stattfand. Die Polizei konnte nun auch die großen Fische festnageln. Der Boss der Bande, ein Italiener, hatte bei seiner Verhaftung eine ungewöhnlich hohe Geldsumme, das Honorar für die Kuriere und den V-Mann, bei sich und versuchte, den Beamten klarzumachen, er sei ein harmloser Tourist. Ihm und seinen Komplizen, ein angeblicher Schmuckhändler aus Sizilien und dessen Chauffeur, nutzte das Märchen vom privaten Wienbesuch allerdings nichts.

ECSTASY & DROGENCHEFIN

Eine 20-jährige Kellnerin aus Ungarn leitete einen Drogenring, der vor allem Diskotheken im südlichen Niederösterreich mit Ecstasy-Tabletten, Speed und Kokain belieferte. Um dem Treiben ein Ende zu setzen, observierten die Schwechater Fahnder die Vorgänge im Gebiet an der ungarischen Grenze. Sie erwischten Zita B. dabei, wie sie auf der österreichischen Seite Designerdrogen anbot und ließen die Handschellen klicken. Sie arbeitete mit zwei Ungarn zusammen, die in Ungarn das Suchtgift kauften und in der Hosentasche kleinere Mengen über einen wenig frequentierten Grenzübergang bei Mörbisch ins Burgenland transportierten. Die Drogenspaziergänger kassierten bei ihren Grenzgängen rund 180.000 Schilling.

STEIRERMAN & SCHICKERIA

Eigentlich war die Rohopium-Lieferung für die Münchner Schickeria bestimmt, doch die dunkle, teigige Masse, aus der Heroin gewonnen wird, blieb in Djangos Drogennetz kleben. Der Steirer Friedrich L. kam mit Aeroflot aus New Delhi via Moskau nach Wien. Die Fahnder hatten die Erfahrung gemacht, dass Drogenkuriere in jüngster Zeit häufig diese Route nutzten. Entsprechende Reisende wurden daher genau kontrolliert. Die Durchsuchung des beschäftigungslosen Grazers erwies sich als Spitzenidee. Er hatte in seiner Handtasche einen Plastiksack mit einem Kilogramm Rohopium versteckt. Der Schwarzmarktwert des Stoffes betrug eine Million Schilling. Als L. von Rupf verhört wurde, gestand der Mann, er habe das Gift in einem Lokal in München-Schwabing übergeben müssen. Für den Kurierdienst habe L. 200.000Schilling kassiert, die der Süchtige in Heroin anlegen wollte.

EUROPÄERIN & BUNTE KOFFER

Kuriere arbeiten mit immer kreativeren Tricks. Manchmal erinnern sie an die Kunststücke von professionellen Magiern. Zwei Männer reisten aus Zürich kommend nach Wien. Zwei Umstände machten die beiden verdächtig, Drogen zu transportieren. Erstens hatten die Fahnder mittels Flugroutenanalyse festgestellt, dass sie eigentlich in der Drogenhochburg Bogotá ihre Reise angetreten hatten. Zweitens ergab die Passkontrolle, dass die Männer Arbeiter waren, die im Monat nur ein paar hundert Schilling verdienten. Die Reisenden wurden beobachtet und als sie den Flughafen verließen, folgten ihnen Django und Co. Sie mieteten sich in einer Wiener Pension ein. Zwei Tage später wollten sie wieder in ihre Heimat zurückzufliegen.

Als die Fahnder einschritten und das Gepäck der Männer durchsuchten, fanden sie dort keine Spur von dem erwarteten Kokain. Die Ermittler standen vor einem Rätsel. Einige Tage später reiste diesmal nur ein Südamerikaner aus Bogotá in Wien ein. Da fielen den Fahndern zwei auffällig karierte Koffer auf dem Förderband auf, die sich ähnelten wie ein Ei dem anderen. Einer dieser Koffer wurde von einer Frau mit einem Kind vom Band genommen, und sie ging damit durch die Zollkontrolle. Django schickte ihr sofort zwei Beamte nach, die sie beschatteten. Mit dem anderen karierten Koffer kam der Mann aus Bogotá zum Zoll und wurde kontrolliert. Das Gepäckstück enthielt abermals keine Drogen. Jetzt ließ Rupf die Frau anhalten, die einen Schlüssel aus ihrer Tasche nahm und versuchte, ihren Koffer aufzusperren. Sie konnte ihn nicht öffnen, denn die Koffer waren, wenn auch absichtlich, vertauscht worden. Django ließ sich aber von ihrer Geschichte nicht täuschen, verhaftete den Mann und die Frau und erhielt auch bald ein Geständnis.

Das Täuschungsmanöver war schnell aufgeklärt. Die Männer aus Bogotá kamen mit fünf bis zehn Kilogramm Kokain im Koffer nach Wien geflogen. Da sie mit Kontrollen rechneten, stieg bei der Zwischenlandung in Zürich oder Frankfurt eine europäische Komplizin mit einem ganz gleich aussehenden Koffer in das Flugzeug. In Wien nahm die Komplizin, noch zusätzlich getarnt durch ein Kind als Mitreisenden, den Drogenkoffer an sich. Im Falle einer Durchsuchung erzählte sie, der Koffer sei verwechselt worden. Die Südamerikaner wären zu diesem Zeitpunkt über alle Berge gewesen und der Frau hätte man ihre Komplizenschaft schwer nachweisen können. Auf diese Art hatten sie den Schmuggel beim ersten Mal erfolgreich durchgezogen.

DROGENRING & WESTBAHNHOF

Mit einer gefinkelten Masche arbeitete ein internationaler Drogenring, der immer die Route Caracas – Wien – Zürich benutzte. Ein Paar aus Venezuela flog via Amsterdam nach Wien. Bei einer stichprobenartigen Gepäckkontrolle entdeckten die Fahnder am Wiener Flughafen fünf Kilogramm Kokain. Das Pärchen wurde aber nicht festgenommen, sondern bei seinem weiteren Vorgehen beobachtet. Sie lösten am Westbahnhof eine Fahrkarte für einen Kurier, dem sie den Koffer voll Drogen übergaben und der das Kokain in die Schweiz brachte. Die schweizerische Polizei, informiert durch die

Kollegen in Schwechat, observierte den Mann in Zürich und nahm ihn gemeinsam mit den Hintermännern aus der Dominikanischen Republik fest. In Wien schlug Alfred Rupf zu und verhaftete das routinierte Drogenpärchen Ana Garcia und Rafael S.

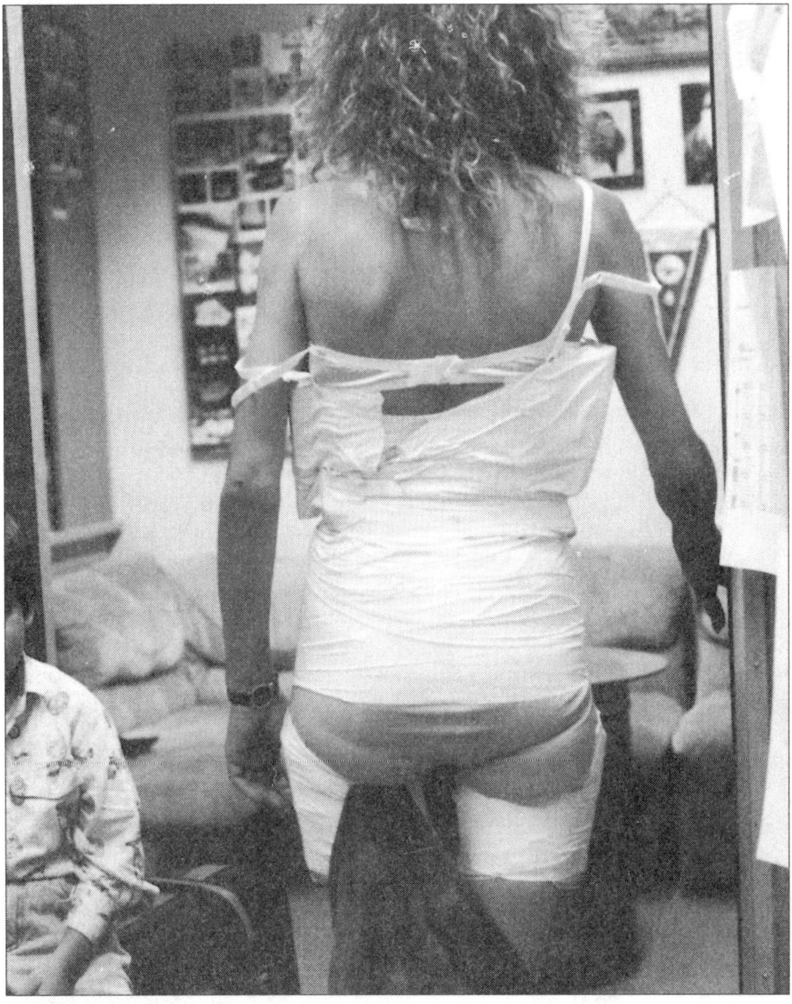

Drogen kamen aus aller Welt und auf ungewöhnlichste Weise nach Wien. Viele Kuriere trugen sie am Körper.

5. KAPITEL:

VOM MARIHUANA-ACKER ZUR OPERNBALLJAGD

In Österreich hatte sich in den Siebzigern eine höchst aktive Drogenszene etabliert. Zwischen heimischen und internationalen Dealern entstand eine enge Zusammenarbeit. Kokain, Heroin und Haschisch kamen mit österreichischen oder ausländischen Kurieren ins Land und wurden dann von Kleindealern, aber auch größeren Fischen im österreichischen Drogenteich weitervertrieben. Unterweltler jeden Alters und Geschlechts wollten an der gerade erwachenden Drogenszene mitnaschen und das große Geld machen. So geschah es, dass Sozialhilfeempfänger plötzlich im Porsche dahinflitzten und mit großen Scheinen um sich schmissen. Mit Observierungen, Hausdurchsuchungen und einer gesunden Portion Schmäh lockte Django die Austrodealer meistens aus der Reserve und zog sie aus dem Verkehr.

In lebhafter Erinnerung wird vielen jene Rauschgiftaffäre sein, die Mitte der neunziger Jahre Szenewirte, Sportler, Künstler, ORF-Mitarbeiter und Promi-Anwälte beunruhigte. Der Medienrummel war größer, als das, was tatsächlich dahinter steckte. An den Prominenten waren eigentlich nur die Medien interessiert, nicht aber die Drogenfahnder. Denn es handelte sich im schlimmsten Fall nur um Drogenkonsumenten und nicht um Händler.

Es begann alles mit einem konkreten und mit Beweisen untermauerten Hinweis auf einen Geschäftsmann, der mit Gebrauchtwagen auch Drogen aus den USA nach Wien importierte. Die amerikanischen Behörden bestätigten die Verwicklung des Mannes in Drogengeschäfte. Die Fahnder in Wien führten viele Telefonüberwachungen durch und landeten plötzlich in der Szene der Kleindealer, die zahlreiche „Schnupfer" mit Kokain versorgten.

Die Folge waren zahlreiche Hausdurchsuchungen und Verhaftungen. Der Medienrummel war zu diesem Zeitpunkt bereits so groß, dass Personen, die gar nicht auf der schwarzen Liste standen, anriefen und um Hausdurchsuchungen ersuchten. Anwälte meldeten sich bei den Behörden, um zu erfahren, bei welchen der von ihnen vertretenen Personen es zu einer Verhaftung kommen würde, obwohl diese gar nicht überwacht wurden. Urlauber, die eben aus den Ferien zurückgekommen waren, lasen die Schlagzeilen, bestiegen das nächste Flugzeug und verschwanden auf unbestimmte Zeit ins Ausland. Django und eine Gruppe von sieben Kriminalbeamten mussten sich bei dieser Fülle von Outings auf das Wesentliche konzentrieren und versuchten nur, den Hintermännern auf die Spur zu kommen. Sicher ist, dass in diesen Wochen riesige Mengen Kokain in die Wiener Kanäle gespült wurden. Polizisten und Kanalräumer behaupteten sogar bei so viel Schnee in den Kanälen keine weißen Mäuse, sondern weiße Ratten gesehen zu haben.

Heroin & Drogenoma

Wenn Verdacht auf Drogenbesitz besteht, müssen die Fahnder extrem schnell eingreifen, denn die verschiedenen Gifte können blitzartig vernichtet werden. Als die Polizei einen mutmaßlichen Heroindealer in dessen Wohnung aufsuchen wollten, öffnete die 83-jährige Nachbarin ihre Tür und informierte die Beamten, dass er bald nach Hause kommen müsse. Die Beamten erwarteten den Verdächtigen auf der Straße. Als der Wohnungsinhaber vor seiner Behausung auftauchte, begleiteten die Fahnder ihn zu seinen vier Wänden und durchsuchten alle Zimmer gründlich. Es wurde zwar kein Heroin im Versteck gefunden, doch die Beamten identifizierten die freundliche Nachbarin als die Großmutter des Verdächtigen. Sie war, sofort nachdem die Ermittler auf die

Straße gegangen waren, um den mutmaßlichen Dealer zu stoppen, in die Wohnung ihres Enkels gehuscht und hatte in Windeseile 300 Gramm Heroin via Toilette in den Kanal gespült.

BRAUSESCHMÄH & GUTE LAUNE

Einer von Djangos zahlreichen Informanten gab ihm den Tipp, dass zwei junge Männer aus dem Schwechater Einzugsgebiet den Südosten von Wien mit Haschisch und Heroin versorgen. Die Fahnder legten sich auf die Lauer und observierten die Wohnung des 23-jährigen Manfred R. in der Wiener Siebenbrunnengasse. Als drei Männer die Wohnung betraten, schritten die Polizisten ein. Sie trafen die Kumpanen dabei an, wie sie Haschisch aus einer Gurke (!) rauchten. Die beiden Komplizen von Manfred R. gaben sich vor den Fahndern als Installateure aus, die R. geholt hatte, damit sie die Brause reparieren. Django gab ihnen in seiner bodenständigen Art zu verstehen, dass er ihnen dieses G'schichtl nicht abnahm: „Mit dem Schmäh könnt's euch brausen." Rupf erklärte die „Hascher" für verhaftet.

Da die Ermittler auf weitere Mittäter warten wollten, gaben sie R. und Co. Anweisung, sich ruhig zu verhalten, wenn sie ihre Lage nicht verschlimmern wollten. Die Beamten wurden nicht enttäuscht. Ein junger Mann kam vorbei, der freundlich grüßte, sich nach dem Befinden der Polizisten in Zivil erkundigte und mit Rupf eine halbe Stunde angeregt plauderte, bevor die Ermittler auch ihn festnahmen. Doch die Vorstellung war noch nicht beendet. Bald fuhr ein schwerer BMW vor und Peter B. gesellte sich zu den anderen Männern in der Wohnung. Die 1,5 Kilogramm Haschisch, die der 26-Jährige mitgebracht hatte, wurden sichergestellt. Dann packten Rupf und Co. die gesellige Runde zusammen und lieferte sie geradewegs im Knast ab.

JUGENDKLUB & TEURES HASCHISCH

Im Jugendklub „Üdüwüdü“ herrschte ein reger Handel mit Haschisch. Ein „Zund“* veranlasste die Django-Truppe, sich im Klub, der von der Kirche ins Leben gerufen worden war, auf die Lauer zu legen. Als der 19-jährige Mario S. versuchte, vor dem Lokal Stoff zu verkaufen, ging er den Fahndern ins Netz. Sie verhafteten ihn und durchsuchten sein Auto. Dort fanden sie Haschischpäckchen aus Alufolie, die penibel mit Preis und Gewicht beschriftet waren und auf kaufkräftige Kunden warteten. S. verlangte pro Gramm das Doppelte als auf dem Schwarzmarkt üblich. Der junge Mann machte den Ermittlern weiter keine Probleme und packte mit den Namen einiger seiner Komplizen aus. Die Polizei verhaftete einen 19-jährigen Niederösterreicher, und eine Vielzahl von kleinen Rauchern wurde angezeigt. Die heiße Spur zu den Hintermännern führte aber nach Wien.

**Zund: Hinweis von einem Informanten*

Als die Fahnder eine Kürschnerfirma in Wien-Mariahilf durchstöberten, wurden sie fündig. Beim 27-jährigen Besitzer Wolfgang R. fanden die Polizisten 500 Gramm Haschisch und im Firmentresor lagerten, als besondere Werte, 200 Gramm Kokain bester Qualität. R. hatte bereits 40 Gramm weiterverkauft. Zwei Fliegen mit einer Klappe trafen die Fahnder, indem sie auch den Kürschnergesellen verhafteten. Er besaß 200 Gramm Suchtgift und hatte bereits 80 Gramm an Süchtige verscherbelt.

DROGENSACK UND FENSTERSTURZ

Django kam zu Ohren, dass in Schwechat Suchtgift an Jugendliche verkauft wurde. Die Fahnder verfolgten eine Spur, die nach Wien-Simmering führte, direkt in die Wohnung des 22-jährigen Karl Heinz S. Als die Beamten S. aufsuchten, saß er mit zwei Bekannten gemütlich beisammen. Empört leugneten die drei, je etwas mit Rauschgift zu tun gehabt zu haben. S. betonte mehrmals, nie Stoff verkauft zu haben – und schon gar nicht an Jugendliche. Als es an der Tür läutete, öffnete Rupf. Draußen stand einer seiner Fahnder mit einem Sack in der Hand. Er hatte ihn aufgefangen, als er plötzlich aus dem Fenster flog. Die Verpackung hatte allerdings einen brisanten Inhalt. Die Ermittler holten 250 Gramm Haschisch aus den Tiefen des Sackes. Alles Leugnen hatte keinen Sinn mehr. S. gestand im Verhör, insgesamt vier Kilogramm

Haschisch von Heinrich B. aus Wien-Neubau gekauft zu haben. Den Stoff hatte S. dann an Jugendliche in Schwechat weitervertrieben.

POSTFUCHS & GELDBRIEFE

Als Postbeamter, der Briefe nicht nur austrägt, präsentierte sich der 22-jährige Gerhard P. Rupf hatte aus der Szene einen Tipp bekommen, der die Fahnder auf den arbeitslosen Manfred L. aufmerksam machte. Er hätte angeblich Stoff von einem unbekannten Ausländer gekauft und gemeinsam mit dem U-Boot Wilhelm S. teuer weiterverkauft. Mit dem Erlös finanzierten sie ihre eigene Heroinsucht. Django überprüfte den Bekanntenkreis der beiden Beschäftigungslosen und stieß dabei auch auf zwei Postbeamte aus Wien. Manfred N. und Gerhard P. waren zwei Hauptabnehmer für das Heroin. Die Beamten durchsuchten die Spinde der jungen Männer und machten eine Entdeckung, die sie nicht erwartet hatten. Es befanden sich rund 30 hastig aufgerissene Briefkuverts darin, die an die verschiedensten Empfänger adressiert waren. Als die Polizisten die Postbeamten mit den Kuverts konfrontierten, legten sie ein Geständnis ab. Immer wenn sie in einem Brief Geld vermuteten, rissen die Männer diesen auf und verwendeten die enthaltenen Beträge, um frisches Heroin zu kaufen.

Sozialhilfe & Cognacflasche

Ein 36-jähriger Sozialhilfeempfänger wollte seine karge Unterstützung drastisch aufbessern und landete dabei prompt im Knast. In Österreich hatte er verschiedene Betrügereien begangen und setzte sich danach nach Brasilien ab. In seiner Wiener Gemeindewohnung hatte sich ein Freund des Mannes „eingemietet". Als der Quartiergeber nach Wien zurückkehrte warteten bereits die Django-Fahnder auf den Heimkehrer. Sie hatten einen Hinweis bekommen, dass der Kurzzeitauswanderer mit Drogen aus Brasilien nach Österreich einreisen würde. Nachdem er in der Ankunftshalle observiert wurde, schlugen die Polizisten zu und durchsuchten sein Gepäck. In einer Cognacflasche und in einem Hemd steckten insgesamt 650 Gramm Kokain, das 650.000 Schilling eingebracht hätte. Der Sozialhilfebezieher, der in Brasilien angeblich mit Wasserpumpen gehandelt hatte, zeigte sich über den heißen Inhalt seiner Koffer erstaunt. Die Fahnder ließen sich von der Unschuldsmasche nicht beirren und verfrachteten den Mann mit dem ellenlangen Vorstrafenregister ins Wiener Landesgericht.

Taxidealer & Lieblingswaffen

Um seine Drogensucht zu finanzieren, transportierte ein Wiener Taxifahrer mit seinem Wagen nicht nur Personen, sondern betätigte sich auch als Botendienst. Er belieferte Damen des horizontalen Gewerbes und deren Kumpane mit Kokain. Den Hinweis erhielten die Schwechater Fahnder von einem Informanten. Dieser warnte die Polizisten vor dem Verdächtigen, der stets einen Revolver am Gürtel und eine Pistole in der Aktentasche trug. Der Besitz der Waffen war legal, denn der Taxler besaß einen Waffenschein. Auf Grund eines Hinweises besorgten sich die Fahnder einen Hausdurchsuchungsbefehl. In der Wohnung glaubten sie ihren Augen nicht zu trauen. Gleichsam wie in einem Drogensupermarkt fanden sie Haschisch, LSD, Marihuana, Hunderte leere Kokainbriefchen sowie diverse Suchtgiftutensilien. Die Polizisten stellten auch die beiden Waffen des Taxifahrers, eine weitere Pistole und 500 Schuss Munition sicher. Diese hatte der Mann bei einem Einbruch erbeutet. Die Kunden von M. lieferten sich selbst, wenn auch unabsichtlich, ans Messer. Sie wollten gerade während der Durchsuchung ihren Stoff abholen und wurden gleich in der Wohnung des Taxlers verhaftet. Franz M. klagte Django bei der Vernehmung sein wahres Leid: Er sei weniger wegen seiner Verhaftung und dem Entzug von Taxiausweis und Führerschein verzweifelt, als vielmehr wegen des Entzugs von Waffenschein und seiner geliebten „Puffen".

JAGDGEBIET & DROGENACKER

Die Polizei erwischte einen stadtbekannten Süchtigen beim Rauchen von Marihuana. Er wurde nach der Quelle des Stoffes befragt. Die Angaben des Mannes vermittelten den Beamten den Eindruck, der Süchtler wäre noch im Drogenrausch. Er sagte aus, das Kraut auf einem Feld in Schwechat gefunden zu haben. Die Beamten hielten die Geschichte für ein Märchen und forderten den Mann auf, sie zu dem Marihuana-Acker zu führen. Tatsächlich fand die Polizei ein Feld mit Cannabiskraut, das noch dazu zum Besitz einer honorigen Jagdgesellschaft gehörte. Sie nutzte das Gebiet aber als Jagdrevier für Fasane und nicht zum Drogenanbau. Das Marihuana, drei Tonnen Cannabisstauden in der Höhe von 150 bis 180 Zentimeter, war irrtümlich maschinell gesät worden. Eigentlich hätten die 2.300 m^2 mit Sonnenblumen und Klatschmohn bepflanzt werden sollen. Der Verantwortliche erwischte irrtümlich indischen Hanf. Nach dem Fund veranlassten die Fahnder die sofortige Vernichtung der Pflanzen. Damit war der gute Ruf der Jäger wieder hergestellt.

Djangos Drogenjäger schnappten einen Hobbygärtner. Um den Mann mit dem Hang zu Grünpflanzen festzunageln, griffen die Beamten tief in die Kleiderkisten des Polizei-Kostümfundus. Ein Luftpostbrief aus Amsterdam, adressiert an Wilhelm P. in Wien, kam den geübten Schnüffelnasen verdächtig vor. Zu Recht, denn der Umschlag enthielt einen mit 100 Gramm Kokain gefüllten Waschlappen. Die Fahnder schlüpften in die Fundus-Uniform des Postfuchses und stellten als falsche Briefträger den Brief den 39-jährigen Arbeitslosen persönlich zu. Der Ermittler mit Posttarnkappe bat den Adressaten, das Kuvert zu öffnen, um danach den unbeschädigten Inhalt bestätigen zu können. Als P. den Stoff zu Tage förderte, gab sich der Polizist zu erkennen und verhaftete den Drogenbesitzer. Danach durchsuchten die Beamten die Wohnung und fanden keine normalen Grünpflanzen, sondern einen tropischen Versuchsgarten vor. Wilhelm P. hatte noch mit anderen Drogen experimentiert. Aus seinem Biologiestudium, das nur einige Semester gedauert hatte, schöpfte er das Wissen um die Züchtung von Hanf. Überall wurden diese Pflanzen gefunden, die der Hobbygärtner mit Spezialleuchten zu bestem Haschisch gedeihen lassen wollte. Hätte er sich ausschließlich seiner Plantage gewidmet und auf den Genuss von Kokain verzichtet, würde er vielleicht noch immer in seinem Hanfdschungel den grünen Daumen unter Beweis stellen.

Ein großer Drogenfang gelang dem Team am Tag des Wiener Opernballs. Ein elegantes älteres Paar aus Südamerika reiste über London nach Wien. Er war etwa 60 Jahre alt und trat im Nadelstreif auf, sie, Ende vierzig, trug einen eleganten Kamelhaarmantel. Die Polizei hatte einen Hinweis bekommen und wusste, dass es sich bei dem distinguierten Paar um Drogenschmuggler handelte. Alfred Rupf hatte eine umfangreiche Beschattung eingeleitet. Die beiden Südamerikaner fuhren mit einem Taxi in die Innenstadt. Der Taxifahrer hielt sich offenbar für Niki Lauda, denn er raste durch Wien, als wäre er auf dem Österreichring. Er überfuhr rote Ampeln und bog mit quietschenden Reifen um die Ecken.

An diesem besonderen Tag des Opernballs hatten die uniformierten Kollegen Order, nur Taxis die Innenstadt passieren zu lassen. Privatfahrzeuge wurden umgeleitet. Dieser Umstand stoppte die meisten Observierungsfahrzeuge, ganz normale PKWs, an den Polizeisperren. Nur Django war an dem Taxi noch „dran". Wie in einem der letzten James-Bond-Actionfilmen jagte er hinter den Drogendealern her. Als die Uniformierten das für sie nicht erkennbare Verfolgerauto der Polizei unbedingt anhalten wollten, wich Rupf im Zick-Zack-Kurs aus. Mittlerweile fürchtete er, dass die Polizei das „Feuer" auf das Auto eröffnen oder die Windschutzscheibe mit dem Gummiknüppel zertrümmern würde. Er ließ sich dennoch nicht

abhängen und klebte an dem Taxi, bis es vor einem renommierten Hotel im 1. Bezirk hielt.
Schweißgebadet und mit weichen Knien folgten Django und die anderen gut geschüttelten Drogenfahnder in seiner Begleitung dem Drogenpaar. Recherchen ergaben, dass dieses sich zwei Zimmer in verschiedenen Stockwerken genommen hatte. Die Entfernung und mehrere Hotelausgänge machten eine weitere unauffällige Beschattung unmöglich, daher schritten die Fahnder sofort ein. Sie überrumpelten die beiden in ihren Zimmern, nahmen sie fest und stellten 17 Kilogramm Kokain sicher.

ARBEITSLOSE DROGENCHEFIN & ACHT AFRIKANER

Eine Luftpost-Lieferung wurde von der Django-Crew abgefangen und zugestellt. Sie war für eine 27-jährige arbeitslose Wienerin bestimmt, die in ihrer Wohnung acht Schwarzafrikaner beherbergte. Als Gegenleistung für die Wohnmöglichkeit dealten die Männer für die Quartiergeberin. Die Frau hatte den Schmuggel, die Verteilung und den Verkauf generalstabsmäßig organisiert und neben ihrer Arbeitslosenunterstützung ansehnliche Summen an Drogengeldern kassiert. Nachdem die Drogen per Luftpost bei der Bandenchefin eingelangt waren, verkauften vier andere Asylwerber den Stoff an Jugendliche vor Schulen und in der U-Bahn. Die acht Afrikaner boten die Drogen Interessenten übers Handy an. Bei einer Hausdurchsuchung fand die Polizei nicht nur 100.000 Schilling und zwei Kilogramm Kokain und Heroin, sondern auch 15 Handys. Nach der Verhaftung der Bande läuteten die Telefone natürlich immer wieder. Die Beamten hoben ab, gaben sich in gebrochenem Deutsch als afrikanische Händler aus und vereinbarten Treffpunkte für die Drogenübergabe mit den Süchtigen. Die staunten nicht schlecht, als sie statt des erwarteten Stoffes Handschellen angelegt bekamen.

ABC & DROGENSUCHT

Als in einer Wiener Volksschule die Pausenglocke läutete, war für eine 27-jährige Lehrerin der Unterricht für immer beendet. Im Lehrerzimmer wurde sie von den Suchtgiftfahndern verhaftet. Die Wienerin hatte in einem Jahr mehr als 100 Schmuckstücke bei verschiedenen Juwelieren gestohlen. Die attraktive, junge Frau ließ sich Ringe, Armbänder und Kolliers zeigen und steckte die Stücke in einem unbeobachteten Moment ein. Den Schmuck im Wert von 700.000 Schilling hatte sie gestohlen, um damit ihre Drogensucht zu finanzieren. Teilweise verkaufte sie den Schmuck und bezahlte den Stoff mit Bargeld, manchmal auch mit Schmuckstücken. Sie war seit Jahren heroinsüchtig und bei der Verhaftung eines Dealers durch die Flughafen-Fahnder als Heroin-Kundin angegeben worden.

TOTSCHLÄGER & KELLERVERLIES

Auch die österreichische Drogenszene ist nicht gerade zart besaitet. Einer der rot-weiß-roten Dealergrößen, Herbert Z., zog eine Bande mit sieben Schlägern auf. Sie hatten sich um „Geschäftspartner" des Bosses zu kümmern, die bei Z. in der Kreide standen. Als ein Kleindealer dem Drogenboss einen größeren Geldbetrag schuldete, bekam dieser Muffensausen und tauchte unter. Doch Z. fand ihn und heckte einen boshaften Plan aus. Er lockte ihn, unter dem Vorwand, ihn an einem großen Drogengeschäft beteiligen zu wollen, in ein Gasthaus in Tribuswinkel. Dort sollten Z.'s Schläger dem Schuldner eine kräftige Abreibung verpassen, ihn mit Handschellen fesseln und ihn für einige Tage in ein Kellerverlies sperren. Der Kleindealer Michael K. hatte aber Glück im Unglück: Django erfuhr von dem Geschäft und ließ das betreffende Wirtshaus beobachten. Wie geplant fand das Treffen zwischen Z. und seinem Schuldner in Tribuswinkel statt. Es kam aber nicht zur Drogenübergabe, sondern die sieben Kleiderschränke begannen den Mann mit Totschlägern zu vermöbeln. Das war der Startschuss für die Polizisten: Sie schritten ein und nahmen das ganze streitbare Rudel fest. Im Zuge der Ermittlungen fanden die Spürnasen einen Bunker aus dem Zweiten Weltkrieg, den Z. als Lager für seine gesammelten Werke wie Kokain und Haschisch nutzte und der auch als Gefängnis für den Schuldner gedacht war.

BUSCHTROMMEL & EVANGELISCHE KIRCHE

Ein nigerianischer Asylant wurde von der Rupf-Truppe als Dealer ausgeforscht. An ihn war in die Evangelische Kirche in Floridsdorf von Lagos über Brüssel eine verdächtige Sendung adressiert. Django öffnete das Paket und beförderte eine Buschtrommel zu Tage. Das scheinbar harmlose Souvenir aus der Heimat des Nigerianers entpuppte sich als Transportgefäß für Stoff. In dem Instrument aus Affenhaut waren zwei Kilogramm Cannabisharz im Wert von 200.000 Schilling versteckt. Rupf lies die Trommel wieder verpacken und an den Empfänger zustellen. Als sie Obi K. observierten, beobachteten die Fahnder, dass der Afrikaner in der Evangelischen Kirche in Floridsdorf sein Notquartier aufgeschlagen hatte. Außerdem schien er eine Vertrauensperson des Pfarrers zu sein. Haarig wurde die Sache für die Ermittler, als sie den Pfarrer baten, die Kirche durchsuchen zu dürfen. Der fromme Mann war ziemlich aufgebracht, dass die Polizei das Haus Gottes kontrollieren wollte, kündigte Beschwerden bei den obersten Sicherheitsorganen an und drohte mit einem Skandal. Da die Ermittler an derartige Probleme gewöhnt waren, ignorierten sie die Drohungen des Pfarrers und begannen mit ihrer Arbeit. Tatsächlich gelang es den Beamten, das Drogenversteck des Dealers hinter dem Altar aufzuspüren. Obi K. hatte sich für die Aufbewahrung seines Stoffes in einem Schuhkarton ausgerechnet den heiligsten Ort in der Kirche ausgesucht. Aus der Schachtel bediente sich der Asylant selbst, den Großteil gab er zum Verkauf weiter. Für den Pfarrer, der noch vor Minuten für seinen nigerianischen Schützling beide Hände ins Feuer gelegt hätte, brach eine Welt zusammen. Der Asylant mit schwarzer Haut und schwarzer Seele hatte den Gottesdiener mit der sündigen Seite des Menschen konfrontiert.

FASCHINGSFEST & CAMPINGBUS

Christian G. besuchte mit einem Freund ein Faschingsfest, bei dem er kräftig am „Büffet" bei Haschisch und Kokain zugriff. Danach kam dem 20-Jährigen die Idee, den Flughafen Wien zu besichtigen. Am Airport brach er plötzlich zusammen und wurde ins Spital eingeliefert. Die Ärzte tippten auf Rauschgiftmissbrauch, deshalb vernahmen die Fahnder nach der Erstversorgung den jungen Mann. Alfred Rupf nahm Christian G. ins Kreuzverhör, bei dem er die Namen mehrerer Zwischenhändler ausplauderte. Django verfolgte die Spur und konnte den Hauptlieferanten der Drogen ausforschen. Dieser präsentierte sich dem Fahnder in Gestalt einer jungen Frau. Die 32-jährige Elisabeth J. und ihr Freund Günther H. hatten mit einem Campingbus in Marokko Urlaub gemacht. Bei der Rückfahrt nach Wien war das Wohnmobil nicht nur für das Pärchen ein rollendes Heim, sondern auch für acht Kilogramm Haschisch.

FRUCHTSALAT & BADESCHUHE

Eine Kindergärtnerin kam braun gebrannt und toll erholt aus ihrem Urlaub in Brasilien zurück. Bei der Kontrolle fanden die Fahnder zehn Paar bunte Badeschuhe im Gepäck von Monika W. Die Beamten hatten einen Tipp bekommen, dass die Favoritnerin mit Drogen im Gepäck zurückkommen würde. Die seltsamen Souvenirs, die die junge Frau von ihrem Aufenthalt in Südamerika mitgebracht hatte, waren ungewöhnlich schwer. Trotzdem ließen die Fahnder Monika ungeschoren passieren. Natürlich verfolgten sie die Kindergärtnerin auf ihrem Weg zum Südbahnhof. Als sie nach Italien weiterreisen wollte, nahmen sie die Polizisten fest. Bei der Untersuchung der Badeschuhe, die nur zum Zweck des Schmuggels hergestellt worden waren, fanden sie in jeder Sohle 100 Gramm hochprozentiges Kokain. Damit hatten die Schuhe einen Wert, den nicht einmal die berühmtesten Schuhdesigner der Welt mit ihren Einzelanfertigungen erzielen. Die Kosten für eines dieser Plastikschuhpaare beliefen sich auf 400.000 Schilling.

Schließlich gestand W. eine weitere Schmuggelreise, bei der sie 3,5 Kilogramm Kokain in Fruchtsalatdosen aus Brasilien nach Italien gebracht hatte. Die junge Frau ließ sich mit ihrem nigerianischen Hintermann ein, weil sie sich Hals über Kopf in den Mann verliebte. Er hatte ihr ein Heiratsversprechen gemacht und sie überredet, mit ihm nach Italien zu seinen

Freunden zu ziehen. Sie folgte ihrem potenziellen Ehemann nach Neapel, wo dieser die Maske fallen ließ und das Mädchen für den Drogenschmuggel aus Brasilien einspannte. Im Zuge der Ermittlungen wandelte sich Monikas Liebe zu Hass. Ihr afrikanischer Liebhaber war ein verheirateter Familienvater mit zwei Kindern, der Monika nur für seine Drogengeschäfte missbrauchte.

KALTE SCHNAUZE & CITY-JAGD

Als Drogenhund Pascha seine Nase einsetzte, war die Reise des Chilenen Maximiliano C. schlagartig zu Ende. Djangos Partner mit der kalten Schnauze erschnüffelte zwei Kilogramm lupenreines Heroin, das in Wien bis zur dreifachen Menge gestreckt werden sollte. Der Südamerikaner stellte das anfängliche Leugnen bald ein und gestand, dass der Stoff für die Übergabe vor einem City-Hotel in der Nähe des Rathausparks bestimmt war. Pünktlich tauchte der Abnehmer Marcos S. am vereinbarten Treffpunkt auf, und die Fahnder schritten sofort ein. Doch der Spanier konnte Fersengeld geben und den Polizisten vorerst entwischen. Sie jagten den Dealer zu Fuß durch die Innenstadt. Als einer der Ermittler einen Warnschuss abfeuerte, ergab sich S. mitten auf einer stark frequentierten Straßenkreuzung.

DIENSTWAFFE & SCHULTERDURCHSCHUSS

Nicht immer ging die Jagd der Fahnder auf Drogendealer für die Beamten ohne Verletzungen aus. Als Django und seine Jungs zwei Drogenhändler im 9. Bezirk jagten, wurde scharf geschossen. Die Ermittler hatten die Dealer bereits seit einiger Zeit observiert. Die heiße Ware wurde schließlich am Rooseveltplatz bei der Wiener Votivkirche übergeben. Einen der Männer nahmen die Polizisten kurz danach fest, der andere riss sich los und flüchtete in Richtung Schwarzspanierstraße. Einige Fahnder verfolgten ihn zu Fuß, andere mit dem Auto. Die Django-Jünger gaben einige Warnschüsse ab, doch der Dealer blieb nicht stehen. Dann passierte das Unglück. Der Lenker des einen Verfolgerautos musste Ecke Währinger- und Schwarzspanierstraße scharf bremsen. Dabei löste sich aus der Dienstwaffe des dahinter sitzenden Polizisten ein Schuss und traf den Fahrer des Polizeiwagens in die Schulter. Während die Rettung den Kriminalisten Kurt R. ins Krankenhaus einlieferte, wurde der Dealer von mehreren Funkstreifen umkreist und verhaftet.

UNTERRICHT & KOKS AM KLO

In einigen Mittelschulen in Wien-Simmering und Landstraße wurden auf den Toiletten eine Zeit lang nicht nur heimlich

Zigaretten geraucht. Um den Unterricht in Topform zu überstehen, schnupften die Schüler in den Pausen Kokain. Die Gymnasiasten mussten für ihre Koks-Prisen ihr gesamtes Taschengeld aufwenden. Manchmal reichte das nicht, also wurden die Brieftaschen der Eltern ausgeräumt. Auf dem schulischen Schwarzmarkt wurde das Gramm zwischen 1.500 und 2.000 Schilling gehandelt. Die Kripo Schwechat bekam einen Tipp aus Schulkreisen, dass der Stoff von einem holländischen Vermögensberater, der in Wien-Landstraße lebte, stammte. Leonard S. verkaufte das Kokain an die Schüler, die den Stoff mit Gewinn an die Kollegen weiterverscherbelten, um die eigene Sucht zu finanzieren. Der Holländer bezog den Stoff von einem Medizinstudenten aus dem 3. Bezirk. Diese Erkenntnisse reichten den Fahndern nicht, da sie den Weg des Giftes bis zum Ursprung zurückverfolgen wollten.
Er führte von dem Studenten zum Taxler Eugen S., bei dem die Ermittler im Rahmen einer Hausdurchsuchung Kokain fanden. Die Spur endete beim arbeitslosen Stefan T. Dieser hatte von den Verhaftungen der anderen Dealer Wind bekommen und stellte sich auf Anraten seines Anwalts dem Richter. Danach waren die Schulen clean und die Jugendlichen begnügten sich wieder mit heimlichen Zigarettenpausen auf dem Klo.

Lainzaufdeckerin & Heisser Thunfisch

Eine 48-jährige Caritas-Krankenpflegerin, die seinerzeit mitgeholfen hatte, die Morde im Lainzer Pavillon 5 aufzudecken, erhielt per Luftpost via Schwechat ein Paket aus Kolumbien. Prinzipiell werden bei Luftpostsendungen aus potenziellen Drogenländern in Schwechat immer wieder stichprobenartig Überprüfungen durchgeführt. Im Fall der Krankenschwester bestand die Sendung aus zwei Thunfischdosen. Sich gerade Thunfisch aus Kolumbien schicken zu lassen machte Django stutzig. Bei der Kontrolle kam kein Fisch, sondern je ein halbes Kilogramm Kokain zum Vorschein. Daraufhin observierte eine Drogeneinheit die Wohnung der Frau. Sie hatte nach dem Lainzprozess den Beruf gewechselt und arbeitete als Geschäftsführerin in einem Lokal im 15. Bezirk. Dieses war bei der Polizei aktenkundig, dass dort des öfteren Drogenrazzien durchgeführt worden waren.
Als am nächsten Tag ein Kolumbianer, der in Wien als Souvenirhändler tätig war, bei der Krankenschwester auftauchte und das bewusste Paket abholen wollte, schritten die Beamten ein. Der Mann hatte den Transport der Drogen mit einer Bekannten in Kolumbien eingefädelt und wurde verhaftet. Obwohl die Lainzaufdeckerin behauptete, von der Drogensendung nichts gewusst zu haben, was vielleicht sogar stimmte, wurde auch sie festgenommen.

ARZTKARRIERE & GIFTPILLEN

Auch wenn Djangos Hauptquartier der Flughafen Wien war, hatte er doch ein stilles Abkommen mit dem Innenministerium, dass er in ganz Österreich amtshandeln konnte, wenn er von der Notwendigkeit überzeugt war. So begab sich der Meisterkriminalist in den 12. Bezirk und verhaftete dort einen praktischen Arzt.

Der ehemalige Kinderstar im österreichischen Heile-Welt-Film hatte bei seiner Festnahme eine abwechslungsreiche Karriere hinter sich. Sein Aufstieg als Polizeiarzt, Betriebsarzt, Praxis- und Laborbesitzer und Anwärter auf den Posten des Ärztekammerpräsidenten war der eines Kometen. Doch auch deren Problem ist es oft, dass sie verglühen, wenn sie am hellsten strahlen. Er genoss das Leben in vollen Zügen. Obwohl er mit seiner medizinischen Tätigkeit ordentlich verdiente, war das Einkommen für seine Ansprüche nicht befriedigend. Allein die 11.000 Krankenscheine, die er pro Quartal abrechnete, brachten dem Arzt 600.000 Schiliing von der Gebietskrankenkasse. Davon leistete er sich eine 300 m^2 Wohnung im 6. Bezirk und fünf Luxusautos. Seiner Frau richtete er zwei teure Restaurants ein, doch nebenbei gab es jede Menge Frauengeschichten. Seine Frau reichte die Scheidung ein und er widmete sich nun noch intensiver seinen Gespielinnen. Für die holde Weiblichkeit endete das Liebesleben mit dem Arzt meist fatal. Eine Beamtin landete nach ihrer Beziehung auf dem Strich und einer Choreografin wurde das hübsche Gesicht vollkommen zerstört, als er sie betrunken gegen einen Baum fuhr. Er beging Fahrerflucht, bevor ihn die Polizei ins Röhrchen blasen lassen konnte. Als Gaby S. nach ihrer weitgehenden Genesung Schadenersatz forderte, ließ er die Frau auf die Psychiatrie einliefern. Nachdem der Mediziner vergeblich versucht hatte, Ärztekammerpräsident zu werden, begann er sich vollkommen auf die Vermehrung seines Vermögens zu konzentrieren. Er spekulierte und hinterzog jede Menge Steuern. Bei seiner Verhaftung schuldete er dem Fiskus etwa 2,5 Millionen Schilling. Er missbrauchte als Polizeiarzt seine Position und musste bei der Behörde den Hut nehmen. Der Untergang war vorprogrammiert und K. suchte nach einem lukrativen Geschäft, das seine Konten wieder in die schwarzen Zahlen bringen sollte.

Er kaufte um 20.000 Schilling pro Woche in einer Wiener Apotheke Pillen und Ampullen, darunter Medikamente, die in der Anästhesie verwendet werden. Die verkaufte der „Dealerdoktor" mit sechsfachem Aufschlag weiter. Seine neuen „Patienten", die für die „Behandlung" tief in die Tasche greifen mussten, waren vor allem Prostituierte, die Aufputschmittel brauchten, und Kinder aus der Drogenszene Karlsplatz. Für eine junge Frau kam die Verhaftung des kriminellen Arztes etwas zu spät. Zwei Tage nach seiner Festnahme starb ein 20-jähriges Mädchen an einer Überdosis Arzneimittel.

DROGENCHECK & SPRAYDOSEN

Ein Pärchen aus Amsterdam gab sich bei der Landung in Wien besonders verliebt. William H. und Gloria C. wurden von der Flughafenpolizei kontrolliert, da sie aus dem Ausland einen Tipp bekommen hatte. Die Turteltauben gaben an, als Touristen die österreichische Hauptstadt besuchen zu wollen. Obwohl die Untersuchung ergebnislos blieb, schlugen die Drogensensoren der Fahnder Alarm. Sie folgten dem Paar zu einer besonders verrufenen Absteige in den 2. Bezirk. Gloria und William hatten ihr Zimmer bezogen und wollten nach der Reise ein Bad nehmen. Für Rupf als Kenner der Szene war eines klar: Eine weitere Observierung bis zur Übergabe der Drogen schien aussichtslos, denn die sonstigen Gäste gehörten fast ausschließlich der Unterwelt an. Jeder von ihnen kam als Drogendealer in Frage. Es wäre unmöglich gewesen, vor jedem Gästezimmer einen Überwachungsbeamten unauffällig zu postieren. So entschloss er sich, sofort zu handeln. Die Ermittler klopften an die Tür und stürmten das Zimmer. Vor ihnen standen die Südamerikaner, wie Gott sie geschaffen hatte. Die Polizisten verhafteten die völlig verdutzten Leute und fanden auch schnell, wonach sie suchten. Die Beamten nahmen die überdurchschnittlich vielen Spraydosen, die das Paar mitführte, unter die Lupe. Wie russische Puppen waren in die großen Dosen kleine eingebaut, die jeweils 300 Gramm Kokain enthielten. Im Kofferrahmen wurden die Männer dann ebenfalls fündig. Dort waren 1,4 Kilogramm Koks eingearbeitet.

Drogenlabor & Rossauer Kaserne

Rupf und Co. waren bereits über Sergio Q. und seine heiße Fracht informiert, als der Chilene in Wien ankam. Sie folgten dem Mann, der zwei Kilogramm Kokain in seinem Koffer versteckt hatte. Sergio traf seinen bolivianischen Komplizen Enzo L. und fuhr gemeinsam mit ihm in einem Taxi durch Wien. Die Polizisten blieben den Männern auf den Fersen. Sie hielten den Wagen an und verhafteten die beiden mitsamt ihrer heißen Ware. Bei einer Durchsuchung des Hotelzimmers, das der Bolivianer bewohnte, fanden die Ermittler im Nachttisch einen Schlüssel für ein Schließfach und einen Vertrag. Die Gegenstände führten die Polizisten auf die Fährte des Wieners Herbert I. Er hatte gemeinsam mit seinem Freund Johann Z. eine Mischung aus Chemielabor und Giftküche eingerichtet. Das Labor befand sich in einem Haus schräg gegenüber der Roßauer Kaserne. Pikantes Detail am Rande: Im selben Haus waren auch einige Abteilungen der Wiener Polizei untergebracht.

Die Wiener boten den beiden Drogenhändlern, die für ein kolumbianisches Drogenkartell arbeiteten, ihre Dienste an. Sie versuchten die Rückgewinnung von Kokain, das mit einer

Masse vermischt worden war und nach dem Hartwerden wie Plastik aussah. Aus der Plastikmasse ließen die Drogenhändler verschiedene Gegenstände, unter anderem Hartschalenkoffer, herstellen. Der so transportierte Stoff kam in das Amateur-Labor, in dem die Wiener Laborratten wieder Kokain herausschmelzen wollten. Leider waren die Chemiekenntnisse der beiden etwas mangelhaft. Sie verwandelten das Kokain-Plastik in einen unbrauchbaren Brei, den sie als Abfall entsorgen mussten. Dies tat Django mit den vier Versagern ebenfalls, er brachte sie hinter Gitter.

KLEINER FISCH & GROSSE WURZEL

Die Operation „Roots" und somit die Sprengung eines internationalen Rauschgiftrings begann mit einem scheinbar kleinen Fisch, den die Schwechater Drogenfahnder mit 1.200 Gramm reinem Kokain erwischten. Christian A. wurde vernommen und nach dem Empfänger der Kokainlieferung gefragt. Der 30-jährige Kurier gab nur zwei Buchstaben preis: H. G.

Rupf begann in der Szene nach dem Mann zu fahnden, der hinter diesen Initialen stand. Er war bei den Süchtlern bekannt wie falsches Geld. Hans Georg H. hatte seinen Frühaufsteher-Job als Bäcker gegen den wesentlich lukrativeren als Boss eines österreichisch-nigerianischen Drogendealerrings getauscht. Er war der Urheber, die Wurzel (Root), des Rauschgifthandels. Die Wohnung des Wieners diente als

Kokainshop, in dem auch einige Dealer Unterschlupf gefunden hatten. Einer von H. G.'s Komplizen war der Nigerianer Ogochuko O., der über eine Scheinfirma als seriöser Geschäftsmann auftrat. Er hatte die Firma auf Johann R. angemeldet, der einige Monate zuvor in H. G.'s Wohnung gestorben war. Über dieses Unternehmen verschickte er Einladungen nach Nigeria, wodurch die Drogenkuriere problemlos Visa für die Einreise nach Österreich bekamen. Der andere Helfershelfer von H. G. war der Geschäftsmann Werner K., der in Wien-Margareten einen regen Großhandel mit Kokain betrieb. Als die nächste Lieferung bei den Bandenchefs einging, schritten die Fahnder ein. Kurz darauf klopften die ersten Dealer an die Tür, um ihr Kokain im florierenden Koksladen abzuholen. Die Polizisten warteten bereits auf die Drogenhändler und statt Stoff gab es Wasser und Brot.

BÄREN & SCHLANGEN

Nicht nur Menschen und lebende Tiere werden für Drogenschmuggel missbraucht. Auch in putzigem Kinderspielzeug verfrachten die Drogenorganisationen den Stoff. In einem Plastik-Winnie-Puuh fanden die Django-Boys 250 Gramm Kokain. Das Bärchen hatte eine weite Reise hinter sich. Es war per Luftpost aus Bolivien nach Wien geflogen und sollte an eine Adresse in Kottingbrunn bei Baden zugestellt werden. Die Beamten befreiten den honigsüchtigen Teddy von seiner giftigen Füllung, ersetzten diese durch Mehl und observierten die Empfängeradresse. Als ein 29-jähriger Zivildiener den Bären vom Postamt abholte, warteten dort bereits die Fahnder mit den Handschellen. Der Rotkreuzhelfer bestritt, im Entferntesten mit Drogen zu tun zu haben. Zu seinem Pech fanden die Ermittler in seinem Auto Utensilien, die für den Genuss von Kokain benötigt werden. Matthias H. war schon ein Mal verdächtigt worden, mit Drogen zu handeln. Allerdings konnte ihm die Behörde damals keine Schuld nachweisen. Nach der Festnahme durchsuchten die Beamten die Wohnung des Mannes fühlten sich plötzlich wie Indiana Jones in einem ägyptischen Pharaonengrab. Die Mitbewohner des Zivildieners waren fünf Riesenschlangen. Somit sorgten zwei Tierarten dafür, dass A. hinter Gittern kam: ein Spielzeugbär mit Drogen und die Schlangen, die eine Anzeige gegen das Artenschutzgesetz auslösten.

KEIN STOFF & DREI POLIZEIOPFER

Ein Hinweis, dass ein Kosovo-Albaner mit Drogen handelte, veranlasste die Fahnder zu einer Hausdurchsuchung. Außer dem Hausherrn trafen die Polizisten aber noch einige ungewöhnliche Mitbewohner an. Exotische Tiere, darunter viele Schlangen, waren seine Haustiere. Die Chance, von einer der Vipern und Nattern gebissen zu werden, erschien den Beamten ziemlich groß. Einen von ihnen erwischte es dann

tatsächlich am Daumen. Allerdings stammte die tiefe Bisswunde an der Hand des Polizisten nicht von einer Schlange, sondern vom verdächtigen Drogendealer.
Ein anderer Fahnder durchsuchte verschiedene Kleidungsstücke des Kosovo-Albaners und plötzlich steckte die Nadel einer Suchtgiftspritze in seiner Hand. Ein weiterer Kollege zündete sich eine Zigarette an und warf das Streichholz in einen Aschenbecher. Eine Stichflamme schoss aus dem Gefäß und verbrannte dem Mann die Hand. Die Ursache: Im Aschenbecher befand sich Schwarzpulver. Die Bilanz der Hausdurchsuchung war eine negative: Geringe Mengen von Suchtgift standen gegen drei verletzte Polizistenhände.

WASCHBRETTBAUCH & GLÜCKWUNSCHBRIEFE

Ein 31-jähriger Bodybuilder arbeitete mit sechs Kollegen als Rausschmeißer in niederösterreichischen Diskotheken und nebenberuflich als Drogendealer. Bei verschiedenen Reisen nach Kolumbien hatte er Kontakte zur dortigen Drogenszene geknüpft. Ein Jahr später kamen regelmäßig Glückwunschbriefe aus Bogotá an, die jeweils bis zu 25 Gramm Kokain enthielten. Sie waren an fingierte Adressen oder Wohnungen, die der Bodybuilder gemietet hatte, adressiert. Ab und zu wurden in den Drogenschmuggel auch unbeteiligte Personen mit hineingezogen. Einige Briefe gingen an einen völlig schuldlosen ÖBB-Beamten. Für ihn wäre der nächste Zug um Haaresbreite direkt ins Gefängnis abgefahren. Die Drogensendungen, die an den biederen Bahnmitarbeiter gerichtet waren, stahlen die Täter aus dessen Postkasten mit einem nachgemachten Schlüssel.

Django sprengte heimische und internationale Drogenringe. In Stofftieren, Cornflakespackungen und vielem mehr wurde Suchtgift geschmuggelt.

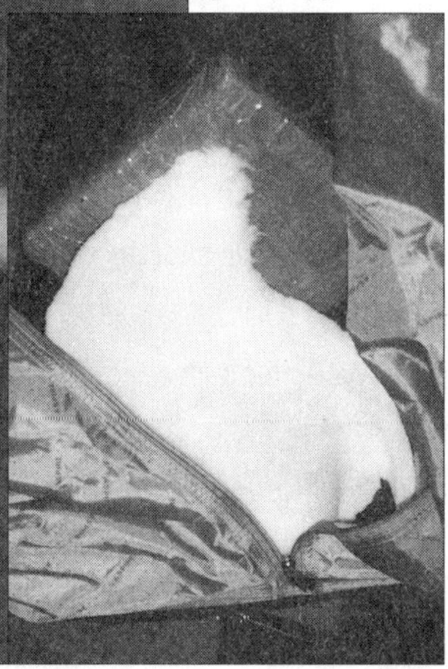

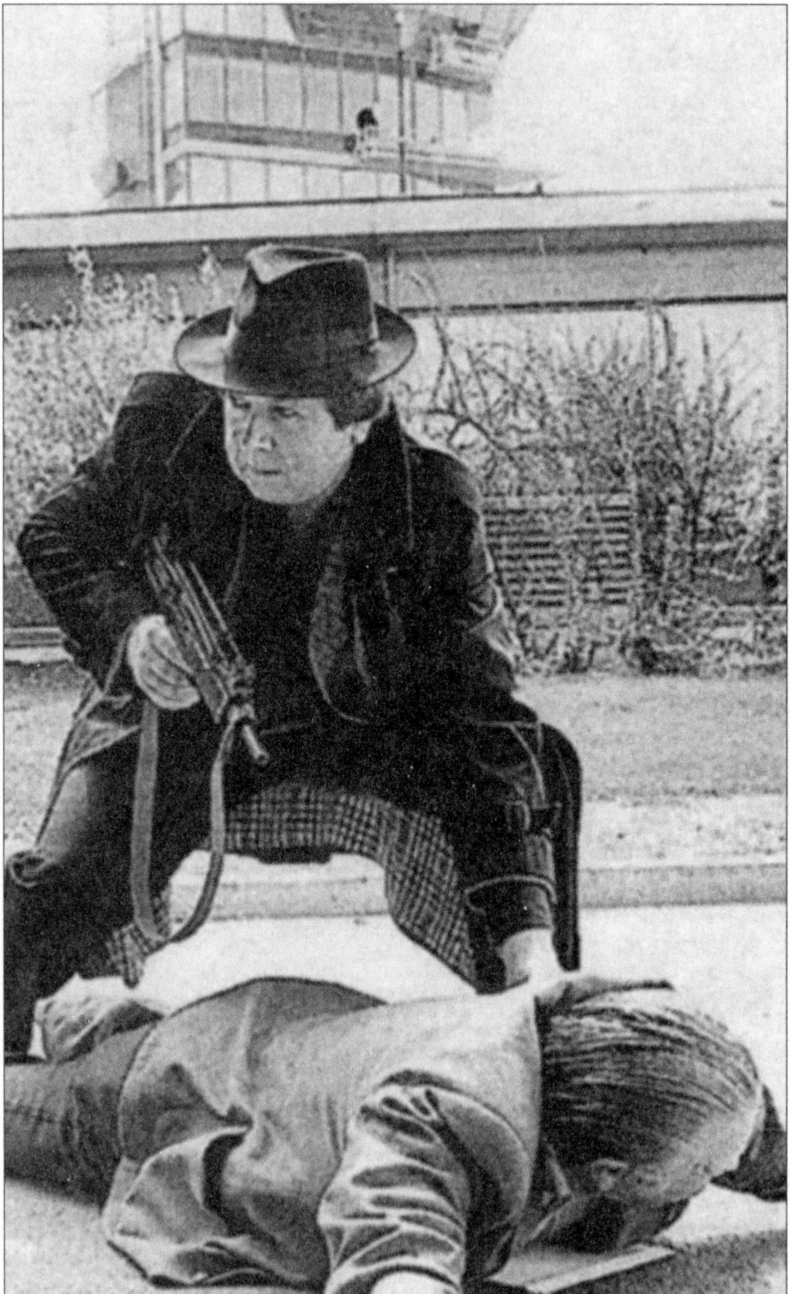

6. KAPITEL:

VON SCHECKBETRÜGERN ZU FRAUENMÖRDERN

Zu einem abwechslungsreichen Polizistenleben gehören neben Drogendelikten auch Verbrechen anderer Kategorien. Akten von geldgierigen Mördern, größenwahnsinnigen Hochstaplern und professionellen Betrügern füllten Alfred Rupfs Büro. Die Aufklärungsquote dieser Fälle war ungewöhnlich hoch. Einerseits trugen dazu der Instinkt und die ausgeklügelten Ermittlungsmethoden des Fahnders bei. Andererseits konnten sich die Beamten am Flughafen auch auf das Wesentliche der Polizeiarbeit konzentrieren. Aktenkram, Amtsschimmel und umständliche Hierarchien waren für Django Fremdwörter. Anstatt ihre Taten am Schreibtisch zu vollbringen, stürzten sich Rupf und sein Team in die Ermittlungen vor Ort und schnappten die bösen Buben und Mädchen, bevor diese überhaupt wussten, wie ihnen geschah.

LUXUSHOTELS & GEFÄLSCHTE KONTEN

Der US-Bürger polnischer Abstammung Paul W. reiste nach Wien und mietete am Flughafen Schwechat einen nagelneuen BMW. Ohne die Rechnung von 120.000 Schilling der Leihwagenfirma zu begleichen, fuhr er mit dem Auto nach Paris. Wieder zurück in Wien, stieg der professionelle Betrüger in einem Wiener Luxushotel ab. Er bezahlte die Zeche mit einer ungedeckten Kreditkarte. Bei einer anderen Mietwagenfirma besorgte sich W. einen großen Ford, mit dem er sich nach Ungarn absetzte. Auch in Budapest logierte er luxuriös. Von dort ging es weiter nach Zagreb. Ein Kurzaufenthalt in Toronto in Kanada sorgte dafür, dass auch dort eine Nobelherberge um eine kräftige Dollarsumme geprellt wurde. Sein Weg war überall gepflastert mit unbezahlten Rechnungen. Wochen später nahm der Mann wieder die österreichische Bundeshauptstadt aufs Korn, wo er wieder in einem Fünf-Sterne-Hotel abstieg, nach ein paar Tagen ohne zu zahlen verschwand und, um die Ecke, in einer anderen Nobelherberge wieder auftauchte.

Die Polizei des 1. Bezirks war vom Diebstahl des Ford von der betreffenden Autovermietung informiert worden. Als sie den Wagen nun fanden, der hinter dem Sacher parkte, informierten sie auch die Flughafenfahnder, die wegen des BMW ebenfalls ein Hühnchen mit W. zu rupfen hatten. Dann legten sich die

Kriminalisten auf die Lauer. Als W. das Sacher – ohne zu bezahlen – verlassen wollte und zu seinem Auto ging, schlugen die Ermittler zu und verhafteten ihn. Selbst als Django ihn bei der Einvernahme in die Mangel nahm, tischte der Betrüger noch Lügengeschichten auf. Er sei Administrator des „Polish-American-Austrian-Friendship-Comitee" in New York. Natürlich hätte er auch keine Geldprobleme. Ein Anruf der Fahnder bei der Kreditkartengesellschaft schaffte auch in dieser Frage Klarheit. W. hatte mit seiner Karte in ganz Europa bereits mehr als eine Million Schilling Schulden gemacht. Als Tupfen auf dem i fanden die Polizisten im Gepäck des Mannes ein Sparbuch, auf das 5 US$ eingezahlt worden waren. Um einen „Notgroschen" zu haben, hatte W. den Kontostand auf 89.000 US$ gefälscht.

LINKE GASKASSIERE & GUTGLÄUBIGE RENTNER

Die Wiener Franz F. und Alfred H. hatten sich einen besonders üblen Trick ausgedacht, ihre finanzielle Situation aufzubessern. Sie traten als Gaskassiere auf und lockten Pensionistinnen in dieser Maske Geld für angebliche Nachzahlungen aus der Tasche. Vier Mal war es den Männern gelungen, die gutgläubigen Rentnerinnen, die älteste „Kundin" war 90 Jahre alt, in Schwechat um Beträge zwischen 4.000 und 80.000 Schilling zu prellen. H. fungierte als Chauffeur und wartete im Auto, während F. mit seinem Schmäh: „Gnä' Frau, Sie müssen noch was nachzahlen", die alten Leute ausnahm. Doch der wartende H. kam einem Schwechater Polizisten in seinem „Dienstauto" verdächtig vor und notierte die Autonummer. Der Beamte hatte instinktiv das Richtige getan. Als eine Geschädigte Anzeige erstattete, konnten die Fahnder das Gasmann-Duo mit Hilfe der notierten Autonummer ausforschen und deren Betrügereien beenden.

MANAGER & SCHÖNE FRAUEN

Ein Wiener Goldschmied, der von der Arbeitslosenunterstützung lebte, beschloss, eine schnelle Karriere und viel Geld zu machen. Anstatt sich, wie andere Beschäftigungslose, beim Arbeitsamt anzustellen, hatte sich Georg Z. für eine kriminelle Laufbahn entschieden. Er trat stets mit fremden Ausweisen auf, die er entweder gestohlen oder gefunden hatte. Zuerst hatte er den Führerschein eines Zoologen gefunden. Ausgestattet mit dem „illegalen" Ausweis reiste er nach Salzburg. Unter dem Namen des Wissenschafters mietete er einen großen BMW und lebte in Saus und Braus in verschiedenen Hotels und Lokalen, ohne zu bezahlen.

In Klosterneuburg trat er als Jurist Dr. Micheletti auf und verschwand ebenfalls, bevor er zur Kasse gebeten werden konnte. Schließlich mietete sich der professionelle Betrüger im Wiener Hotel Hilton ein, wo er sich in das Büro des Direktors

schlich und dort einige wichtige persönliche Kleinigkeiten mitgehen ließ. Ausgerüstet mit Brieftasche, Kreditkarten und Führerschein des Hotelchefs delektierte er sich in der „Casanova"-Bar an Wein, Weib und Gesang. Am nächsten Tag trat er eine Österreichrundfahrt an, bei der er sich in verschiedenen Städten als Hotelmanager ausgab. Z. lebte wie im Schlaraffenland und war stets umgeben von weiblichen Luxusgeschöpfen.
Mit einem Ausflug zum Flughafen Wien, um bei seiner Verleihfirma den Vertrag für den BMW zu verlängern, begab er sich in die Höhle des Löwen Rupf. Die Mitarbeiter der Firma waren bereits gewarnt und verständigten die Polizei. Z. versuchte mit einem Taxi zu entkommen, wurde aber schnell von einer Funkstreife gestoppt. Als er Django dann gegenübersaß, legte der größenwahnsinnige Betrüger ein Geständnis ab.

LEIHWAGEN & AUTOMAFIA

Zum ersten Mal wendete er seinen Leihwagentrick am Flughafen in Wien an. Mit einem gefälschten Reisepass, der auf Christian A., Kaufmann aus Paris, lautete, mietete er einen weißen Opel Ascona. Einige Wochen später setzte er mit den gleichen gefälschten Papieren seinen Schmäh auf dem Flughafen Zürich fort und ergaunerte einen grünen Fiat 128. Dann verschwanden er und die Autos spurlos von der Bildfläche.

Drei Jahre später tauchte am Flughafen Wien Bernd K. auf, ein angeblicher Kaufmann aus Deutschland. Er mietete, ebenfalls mit einem falschen Ausweis, einen dunkelroten Opel Ascona. Der gleiche Betrüger ließ auch einen Audi 80 einer Verleihfirma in Wien-Neubau auf Nimmerwiedersehen verschwinden. Da Django in den Diebstählen am Wiener Flughafen ermittelte, nahm er zu sämtlichen geschädigten Firmen Kontakt auf. Sie hatten die Ausweise des Mannes aus Sicherheitsgründen kopiert. Der Vergleich der Dokumente bewies, dass es sich in allen vier Fällen um den gleichen Gauner gehandelt hatte. Der kräftige, blonde Dieb mit Schnurrbart, hatte die Autos an eine internationale Organisation weitergegeben, die die PKWs teuer ins Ausland verkaufte.

FALSCHER PILOT & ECHTER IRRER

Nach dem Motto „Piloten ist nichts verboten" wollte ein entmündigter Salzburger das Leben genießen. Ludwig L. hatte sich als Operation-Manager der Gulf-Air in der Uniform eines Flugkapitäns im Clima Villenhotel in Wien 19 einquartiert. Sein Verhalten und der gut gefälschte Reisepass, den der Hochstapler beim Check-in vorlegte, machten auf die Rezeptionistin des Hotels nicht den Eindruck, als hätte sie einen Verrückten vor sich. L. hatte 200 Beamte, Reisebürobosse, Flughafen- und Airlinechefs zu einem Demonstrationsflug der Gulf-Air auf den Flughafen Schwechat eingeladen, der natürlich nie stattgefunden hätte. Genau an diesem Tag verursachte Django L.'s harte Landung auf dem Boden der Realität. Nachdem der falsche Pilot zu den Klienten der Schwechater Beamten gehörte, begaben sich diese ans andere Ende der Stadt, um dem Mann in der Döblinger Nußberggasse einen Besuch abzustatten und ihn zu verhaften. Die Hotelangestellten hatten L. auf einem Zeitungsfoto erkannt und die Django-Truppe informiert.

NOBELSCHLITTEN & VISITENKARTEN

Der Deutsche Theodor F. reiste in Österreich ein und wohnte in verschiedenen Pensionen am Wiener Stadtrand. Allerdings waren die Vermieter über das Verhalten des Gastes nicht erfreut. Er verschwand immer, bevor die Rechnung fällig war. Auch die Beschaffung eines Autos hinterließ betrogene Firmen. Er ergaunerte die Karosserie eines ausrangierten BMW 520 und brachte sie in eine Wiener Autowerkstatt. Dort wurden verschiedene Reparaturen durchgeführt und ein Motor eingebaut. F. fuhr mit seinem „neuen" Nobelschlitten eilig davon, natürlich ohne zu bezahlen. Ebenso erging es einem Reifenhändler, bei dem F. Michelin-Pneus im Wert von 8.000 Schilling geordert hatte.

Die nächste Gaunerei fand in einer Druckerei statt, in der sich F. 1.000 Visitkarten drucken ließ, die ihn als „Konsulenten" und

„Geschäftsmann mit hervorragenden Wirtschaftskontakten" auswiesen. Mit dem Besitzer der Druckerei kam er gleich ins Geschäft. Er versprach ihm, gegen eine angemessene Honorarvorauszahlung, die Vermittlung neuer Geschäftspartner. Danach stellte er sich mit den Visitkarten bei einem Großhändler für Elektrogeräte vor. Hier machte er dem Firmenchef ähnliche Versprechungen wie dem Druckereibesitzer und verschwand mit beiden Vorauszahlungen auf Nimmerwiedersehen. Danach stand ein Wiener Zahnarzt auf seiner Liste. Dort ließ er sich ein Porzellangebiss anfertigen und überreichte dem Mediziner einen gefälschten Scheck.

Nachdem sämtliche Deals perfekt geklappt hatten, wurde F. langsam übermütig. Bei einer Firma bestellte er aus Jux und Tollerei eine große Menge an Plastikdosen, die er gar nicht brauchte. Die Rechnung beglich er mit einem ungedeckten Scheck. Mit seinem letzten Coup hatte er den Bogen überspannt. Denn er führte diese Betrügerei im Gebiet der Schwechater Polizei durch und hatte nicht mit Django und Co. gerechnet. Durch diverse Hinweise Geschädigter waren die Fahnder bereits vor F. gewarnt. Als er versuchte, Fischereigeräte im Wert von 5.000 Schilling bei einer Schwechater Firma zu kaufen und dem Geschäftsinhaber der Kunde seltsam vorkam, schlugen die Ermittler zu und verhafteten den Betrüger. Insgesamt hatte er Wiener Firmen um 100.000 Schilling geprellt.

SCHWEIZER BANK & LIEBESLOHN

Der Hauptkassier der Staatlichen Schweizer Bank hatte 50 Millionen Schilling einfach aus dem Tresor genommen und sie in einem Koffer nach Wien transportiert. 49 Millionen davon legte er bei verschiedenen österreichischen Banken an, eine Millionen behielt er als „Taschengeld". Davon bezahlte er seine Spesen in einem Wiener Luxushotel und finanzierte sein ausschweifendes Nachtleben. Georgia, eine Wiener Bardame, erhielt von Philipp G. für eine Liebesnacht 300.000 Schilling.

Nach einer Woche wurde das Pflaster unter G.'s Füßen heiß, denn die Schweizer waren dem Dieb auf der Spur. Er beschloss, seine Flucht fortzusetzen, und kaufte ein Flugticket nach Los Angeles via London. Einmal in den USA angekommen, wollte er über sein weiteres Leben nachdenken. Doch Django war die Fahndung nach dem Millionendieb bereits auf den Schreibtisch geflattert. Kurz vor dem Start der Maschine nach London wurde G. dann von Alfred Rupf höchstpersönlich aus dem Flieger gefischt. Bei der ersten Vernehmung nannte der Schweizer Django den Grund für die millionenschwere Unterschlagung: „Ich wollte mir eine gesicherte Zukunft aufbauen." Sie war ihm hinter Gittern sicher.

DJANGO & DER VATERMÖRDER

Am Wiener Flughafen hörte eine AUA-Stewardess gellende Schreie aus einem Parkhaus. Nachdem sie die Polizei verständigt hatte, sahen die uniformierten Beamten einen blutverschmierten jungen Mann. Er schleppte einen ebenfalls blutverschmierten älteren Mann, der das Bewusstsein verloren hatte. Der Jüngere erklärte, der Verletzte sei sein Vater, den er im Parkhaus nur kurz allein gelassen hatte. Plötzlich hörte er die Schreie und kehrte sofort zurück. Doch da lag der Vater bereits schwer verletzt auf dem Boden. Trotz des Schocks konnte er zwei Männer weglaufen sehen, die er auch genau beschrieb. Die Polizisten informierten die Django-Truppe, die den Fall sofort übernahm.

Der Sohn hatte sich etwas gefangen und beschrieb den Ermittlern die Vorgänge im Detail. Sein Vater sei aus Kanada mit dem Flugzeug angekommen und er habe ihn abgeholt. Da der Motor seines Wagens nicht ansprang, wollte er den ÖAMTC verständigen. Auf dem Weg dorthin hörte er dann die Schreie seines Vaters. Als die Polizisten ihn mit dem Verletzten trafen, wollte er den alten Mann gerade in den Waschraum tragen. Die kleinen, grauen Zellen des Alfred Rupf begannen zu rotieren. Irgendetwas an dem scheinbar treu sorgenden Sohn kam dem Kriminalisten seltsam vor. Die Menge der Blutspritzer, mit denen der junge Mann übersät war, irritierte Rupf. Der Vater hatte mit irgendeinem Gegenstand einen

Schlag auf den Kopf bekommen und normalerweise spritzte nur dem Täter eine derart große Menge an Blut auf Gesicht und Körper, wie es der junge Mann aufwies. Django verständigte den Gerichtsmediziner. Seine Diagnose: Der Mann wurde mit einem Hammer, der am Tatort gefunden wurde, niedergeschlagen. Durch die Wucht der von hinten kommenden Schläge war die Schädeldecke des bewusstlosen, schwer verletzten Mannes abgehoben. Das viele Blut auf dem Sohn konnte daher kommen, dass der Verletzte Blut ausgeatmet hatte, als er getragen wurde.

Doch der Kriminalisteninstinkt des Alfred Rupf war noch nicht befriedigt. Er ließ den Sohn, frei nach dem Motto „Lieber einen Schuldigen laufen lassen, als einen Unschuldigen einsperren" gehen. Er beauftragte jedoch sein Team, ihn so intensiv wie möglich zu observieren. Für den nächsten Tag bestellten die Ermittler den Sohn zu einer weiteren Einvernahme zum Flughafen. Mittlerweile durchleuchteten die Kriminalisten das Leben des Opfers. Der alte Mann besaß in Österreich ein Gasthaus und einige Wohnhäuser. In Kanada war er lange Zeit ein erfolgreicher Geschäftsmann in der Gastronomie gewesen, hatte dort jeglichen Besitz verkauft und wollte nach Österreich zurückkehren, um hier seinen Lebensabend zu verbringen. Also verabschiedete er sich von seinen Freunden jenseits des großen Teichs und benachrichtigte nur seinen Sohn von der Heimkehr. Was der reiche Austrokanadier nicht wusste: Sein

fleißiger Junior, ein leidenschaftlicher Frauenheld und Spieler, hatte in des Vaters Abwesenheit das gesamte Vermögen durchgebracht und jede Menge Schulden.
Nachdem der alte Mann weder in Kanada noch in Österreich jemandem abgegangen wäre, setzte Django folgendes Kriminalpuzzle zusammen. Der missratene Sprössling witterte seine Chance, den Vater loszuwerden. Einerseits ersparte er sich damit die Beichte von den verjuxten Immobilien, andererseits spekulierte er auf eine größere Geldsumme, die der Vater als Erlös beim Verkauf seines kanadischen Besitzes erhalten hatte. Er erwartete den Vater in der Ankunftshalle des Flughafens Wien. Die beiden Männer gingen anschließend in das Parkhaus, wo das Auto des Sohnes stand. Dieser bat den Vater, sein Gepäck im Kofferraum zu verstauen. Als sich der Heimkehrer vornüberbeugte, schlug der Sohn mit einem mitgebrachten Hammer zu. Er hoffte, den Mann mit einem Schlag auf den Kopf bewusstlos machen zu können, um ihn dann problemlos in den Kofferraum zu verfrachten. Später wollte er dem Vater, wenn er nicht bereits tot war, endgültig das Lebenslicht auslöschen und ihn irgendwo vergraben. Obwohl der Junior derartig kräftig zuschlug, dass er dem Vater die Schädeldecke zertrümmerte, stieß dieser noch einen durchdringenden Schrei aus, bevor er das Bewusstsein verlor.
Als für Alfred Rupf der Täter feststand und der Ablauf des Verbrechens geklärt schien, widmete er sich einer Aussage eines Buschauffeurs, der zur Tatzeit tatsächlich zwei Männer

hatte aus dem Parkhaus laufen sehen. Der Fahrer konnte die beiden deshalb ganz genau beschreiben, weil sie den bereits fahrenden Bus aufhielten und den Chauffeur baten, auf der Strecke aussteigen zu dürfen. Als die Ermittler die Personenbeschreibung des Fahrers mit der des Sohnes des Niedergeschlagenen verglichen, waren sie identisch. Django hatte dadurch, dass die anderen Verdächtigen wirklich existierten, plötzlich verschiedene mögliche Täter. Ihm blieb daher nur eine List, um den wahren Schuldigen zu entlarven. Als der Sohn zur Einvernahme nach Schwechat kam, war sein Vater bereits an den Folgen seiner Kopfverletzung gestorben. Rupf informierte den Mann aber nicht über des Ableben seines Erzeugers, sondern überbrachte ihm die „freudige" Nachricht, dass der Vater das Bewusstsein wiedererlangt habe. Er, Rupf, würde ihn nun ins Spital begleiten. Der Mitteilung hielten die Nerven des Vatermörders nicht stand. Er wurde blass und erklärte mit tonloser Stimme, nicht ins Krankenhaus zu wollen. Als Django ihn nach dem Grund fragte, brach er endgültig zusammen und legte ein Geständnis ab: Er könnte seinem Vater nicht gegenübertreten, denn er habe ihn in Mordabsicht niedergeschlagen. Die mutmaßlichen Täter, die zur Tatzeit das Parkhaus im Laufschritt verlassen hatten, stellten sich als Passanten in Eile heraus, die den Flughafenbus nicht versäumen wollten.

Rupf ging mit einem Kollegen durch den Check-in-Bereich, wo ein junger Mann ihr Misstrauen erregte. Die beiden erkundigten sich bei der entsprechenden Fluglinie, wohin die Reise Mannes gehen sollte. Er hatte einen Flug nach Argentinien gebucht, allerdings seltsamerweise ohne Gepäck. Außerdem hatte er Verletzungen an den Händen, die auf eine Gewalttat hindeuteten. Wie sich später herausstellte, hatte sich der Mann die Schnitte bei einem Selbstmordversuch beigebracht. Bei einer Befragung erzählte er, dass er mit seiner Mutter im gleichen Haus in Leonding bei Linz lebte, vom Vater, der vor kurzem gestorben war, einen größeren Geldbetrag geerbt hatte und auf Grund seines unerwarteten Wohlstandes einen Onkel in Argentinien besuchen wollte. Der Versuch, mit der Mutter des Mannes zu telefonieren, um eine Bestätigung der Aussage zu erhalten, schlug fehl, da niemand zu Hause zu sein schien. Der zweite Anruf galt dem Gendarmerieposten von Leonding. Die Anfrage, ob der Südamerikareisende bereits eine Straftat begangen habe, endete negativ. Vielmehr kannten die Beamten in Oberösterreich Mutter und Sohn. Außerdem informierten sie Rupf darüber, dass die Mutter wahrscheinlich in St. Florian bei Freunden zu Besuch sei. Dort erreichte Django die Frau, die alle Angaben des Sohnes bestätigte, allerdings von der geplanten Reise keine Ahnung hatte. Der nächste Versuch scheiterte ebenfalls. Auch die Bundespolizeidirektion

Linz wusste nichts von einer Straftat oder von einem gesuchten Täter. Django vermutete instinktiv, dass der Mann, über den er die Nachforschungen angestellt hatte, nicht sauber war. Doch die fehlenden Beweise veranlassten ihn, den Passagier nach Argentinien reisen zu lassen.

Als die Mutter des Mannes drei Tage später nach Hause kam, machte sie einen makabren Fund. Im Keller des Hauses lag die Leiche eines Mädchens. Ihr Sohn hatte seine junge Freundin erwürgt und sich ins Ausland abgesetzt. Als er sich einige Zeit in Argentinien aufgehalten hatte, ging ihm das Geld aus. Er meldete sich beim österreichischen Botschafter in Buenos Aires und bat diesen um Unterstützung, um in die Schweiz fliegen zu können. Der Diplomat hatte mittlerweile die Fahndung erhalten und erklärte sich, mit dem Hintergedanken ihn an die österreichischen Behörden auszuliefern, bereit, dem jungen Mann unter die Arme zu greifen. Er stellte dem Mörder Bargeld und ein Ticket nach Zürich zur Verfügung und brachte ihn auch noch mit dem Dienstwagen zum Flughafen. Der Botschafter verständigte die Interpol in Zürich, und als der Mädchenmörder dort die Maschine verließ, klickten die Handschellen.

Österreichs Vertreter in Argentinien hatte diesen Trick deshalb angewandt, weil er wusste, dass ein Auslieferungsverfahren Monate gedauert hätte. Die Vorgangsweise des Botschafters brachte den Mann hingegen viel schneller vor ein österreichisches Gericht.

In seinem Wohnhaus in Schwechat-Rannersdorf wurde ein ehemaliger Billeteur des Theaters an der Wien ermordet aufgefunden. Die Leiche war schrecklich zugerichtet. Sie wies 20 Messereinstiche auf und in ihrem Kopf steckte ein Hammer. Neben dem Toten lag ein abgebrochener Nudelwalker. Nachdem der Ermordete in der Homosexuellen-Szene bekannt war, tippte Django sofort auf ein Verbrechen im Milieu. In Hubert W.'s Notizbuch fand die Polizei mehr als 250 Telefonnummern. Aus Zeitgründen ließ Django die Anschlüsse nicht überprüfen. Es hätte Monate gedauert, bis vielleicht zirka 50 Personen ohne Alibi festgestellt worden wären. Der Mörder wäre zu diesem Zeitpunkt möglicherweise über alle Berge gewesen. Django, als Anhänger der „spiralförmigen Ermittlungen" – die Ermittlungen beginnen beim Opfer und ziehen immer größere Kreise –, durchforstete erst einmal die nähere Umgebung des Toten.

Ein Ablenkungsmanöver des Schicksals konnte den Ermittler auch nicht in die Irre führen. Im Nebenhaus hatte die Polizei einen erschossenen Mann gefunden. Er lag auf dem Boden, daneben befand sich ein Gewehr. Hatte der Mann Selbstmord begangen? Die offensichtliche Todesursache musste erst einwandfrei untersucht werden. Hatte der Mann vor seinem Selbstmord den Nachbarn umgebracht? Höchstwahrscheinlich nicht, denn in diesem Fall hätte er ihn erschossen. Die

Kombinationen ließen Django den Gedanken verwerfen, dass die beiden Todesfälle in Zusammenhang standen. Weitere Ermittlungen führten die Fahnder zum nahen Jugendklub „Insel". Tatsächlich fand sich dort ein Zeuge. Er hatte beobachtet, dass zwei Jugendliche, die in der „Insel" verkehrten, vor der Bluttat am Zaun des Ermordeten standen und mit ihm sprachen. Da der Zeuge die Namen der Burschen nicht wusste, warteten die Fahnder gemeinsam mit diesem Mann auf das Erscheinen der beiden.

Bereits am nächsten Tag wurde die Geduld der Polizisten belohnt. Nachdem der Zeuge die beiden Burschen identifiziert hatte, wurden sie von Rupf vernommen. Sie leugneten nicht, mit dem Billeteur gesprochen zu haben. Er wollte sie auf einen Drink in sein Haus einladen, doch da die beiden wussten, dass er vom anderen Ufer war, lehnten sie ab. Allerdings baten sie Hubert W., sie mit einer Flasche Rotwein zu sponsern, denn sie hatten Durst. In einem nahen Park tranken sie den Wein aus und warfen die leere Flasche ins Gebüsch. Die Fahnder fanden zwar die Flasche am angegebenen Ort, doch für Django waren die Jugendlichen weiterhin verdächtig. Längere getrennte Einvernahmen brachten den einen schließlich zum Reden.

Nach dem Alkoholgenuss waren sie zu dem Haus des Billeteurs zurückgekehrt, um ihn um eine weitere Flasche Wein oder Schnaps anzupumpen. Die Tür war offen und sie fanden W. schwer betrunken schlafend auf dem Sofa. Sie durchsuchten die Wohnung nach Wertgegenständen, als der Mann plötzlich aufwachte. Einer der Burschen packte einen Nudelwalker und schlug W. nieder. Das Holz brach aber ab und der junge Mann ergriff einen daneben liegenden Hammer und drosch ihn W. auf den Kopf. Wieder klappte der Mordversuch nicht. Der Hammer blieb im Kopf des Mannes stecken. Zuletzt zückte der junge Mann sein Messer und stach so lange auf den Verletzten ein, bis er tot war. Als Django nach dem Grund für diesen brutalen Mord fragte, antwortete der Mörder. „I wollt net, dass der W. irgendwem dazöhlt, dass er uns beim Stöhlen dawischt hat."

DJANGO & DER RENTNERINNENMÖRDER

„Man redet nicht über Geld, man hat es." Hätte die 78-jährige Maria V. nach diesem Motto gelebt, wäre ihr Leben länger gewesen. Die alte Frau lebte in Schwechat-Rannersdorf allein in einer armseligen Behausung, die zu einem alten Gutshof gehörte. Ihr einziges Hobby war es, im ganzen Ort herumzuerzählen, dass sie ihre gesamten Ersparnisse von 40.000 Schilling in ihrer Wohnung aufbewahrte. Der 29-jährige Johann C. wollte eines Abends Verwandte in Schwechat besuchen. Nachdem er öfter geläutet hatte, stellte er fest, dass die Leute nicht zu Hause waren. Unschlüssig stand er im Stiegenhaus herum, als sich eine Tür öffnete und Maria V. den arbeitslosen Installateur anredete. Die einsame Frau lud den Mann zu Kaffee und Kuchen ein und prahlte wieder, wie so oft, mit ihren Ersparnissen. In C. reifte schnell eine tödliche Idee heran. Als sich die Rentnerin bückte, stürzte sich C. von hinten auf sie, warf sie zu Boden und würgte sie so lange, bis sie tot war. Danach durchwühlte er die Wohnung der Frau, konnte aber die Ersparnisse, die V. in einen Schrank gesperrt hatte, nicht finden.

Der Täter verließ den Gutshof. Die Frau war mit einem Poltern zu Boden gefallen. Dieses Geräusch alarmierte die Nachbarn, die sofort bei Frau V. nach dem Rechten sehen wollten. Als sie dort ankamen, stand die Wohnungstür offen und im Zimmer lag die tote Frau. Nachbarn und Zeugen hatten zur Todeszeit einen Schatten im Hof gesehen. Anfangs glaubte die Polizei an einen natürlichen Todesfall der Pensionistin. Es waren keine Verletzungen und Würgemale zu sehen. Django machten der Schatten im Hof und die unversperrte Tür misstrauisch. Der Amtsarzt konnte die wahre Todesursache nicht feststellen und veranlasste die gerichtsmedizinische Obduktion. Bei der Überprüfung des Gutshofs stießen die Beamten auf den Verwandten einer Hauspartei, Johann C. Der Mann lebte als U-Boot in Wien. Über das Stammwirtshaus des Gesuchten ermittelten die Fahnder die Adresse von C.'s Lebensgefährtin. Das Haus war um Mitternacht bereits versperrt und der Hausmeister unauffindbar. Obwohl sein Hofrat die Amtshandlung abbrechen wollte, harrte Django mit seinen Mannen bis 5.00 Uhr Früh aus. Als C. nach Hause kam, nahmen ihn die Ermittler fest. An seiner Kleidung fand man Blutspuren mit der Blutgruppe der Toten. Außerdem hatte die Obduktion ergeben, dass die Rentnerin erwürgt worden war. Nach intensiven Verhören durch Djangos Leute gab der Mann zu, die Frau aus reiner Geldgier umgebracht zu haben.

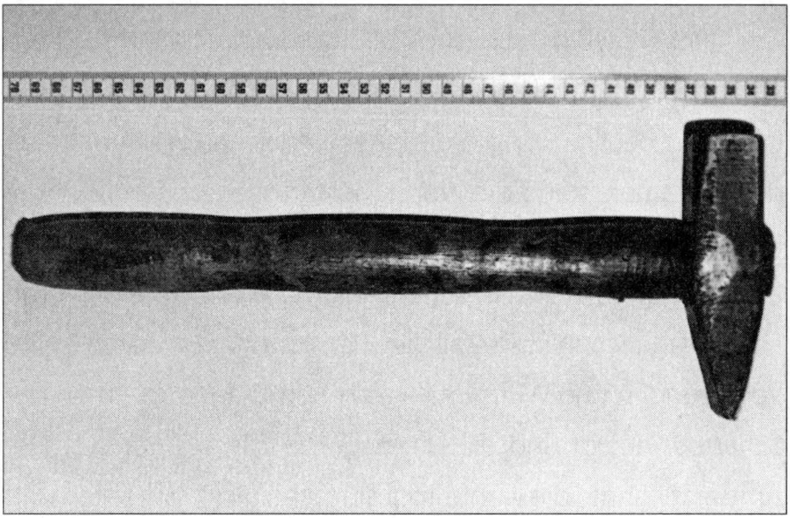

In einem Parkhaus am Flughafen Wien wurde einem österreichischen Heimkehrer mit einem Hammer der Schädel gespalten.

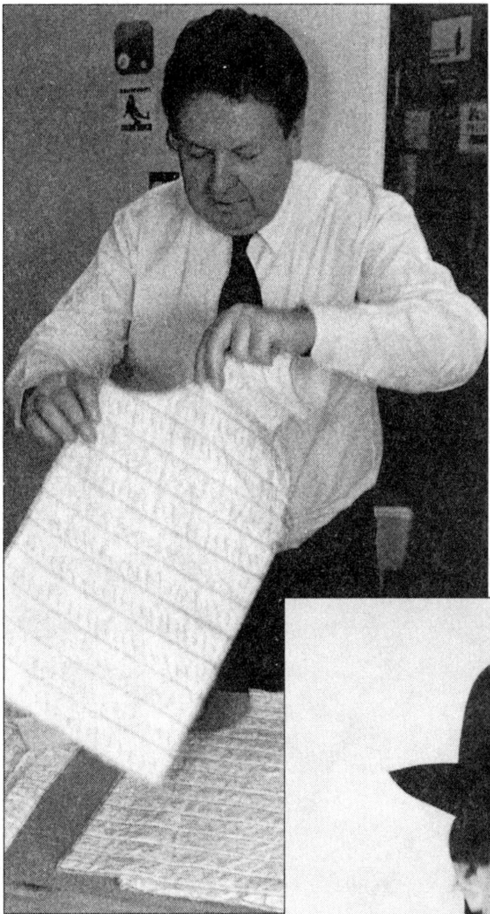

Genaueste Untersuchungen und ausgeprägter kriminalistischer Spürsinn halfen Rupf eine Vielzahl von Fällen zu lösen.

So wollte ihn Öffentlichkeit und Fans sehen: Mit schwarzem, breitkrempigem Hut und Trenchcoat, als Django.

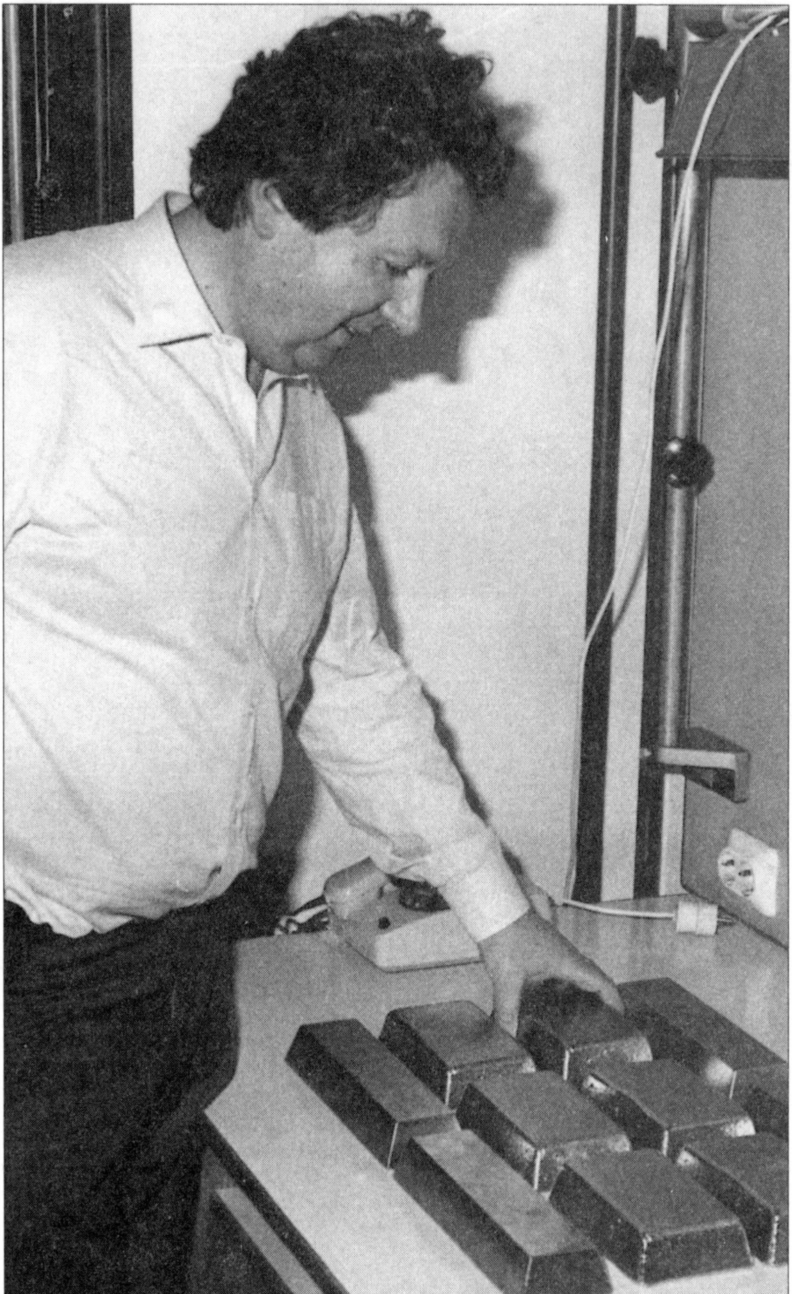

VON MEGA-GOLDRAUB ZU BANKRAUB-FLOP

7. KAPITEL:

Nachdem die internationalen Verbrecherorganisationen nicht nur im Drogengeschäft tätig waren, hatte Django auch mit verschiedenen anderen „Wertgegenständen" zu tun. Geschmuggelt und geraubt wurde alles, was Geld einbrachte und Wert hatte. Nicht nur Mafia und Co. beschäftigten den Fahnder mit Millionen- oder Goldbarrenraubzügen, sondern auch seine heimischen Kunden ließen sich als Langfinger nicht lumpen. Von Elektrogeräten über Autos bis hin zu Schmuck und Münzen grapschten die Diebe in Rot-Weiß-Rot alles, was nicht niet- und nagelfest war. Unter den Profidieben befanden sich aber auch einige Amateure, die ins Gefängnis wanderten, ohne auch nur das Geringste erbeutet zu haben.

FRACHTAGENT & MILLIONEN-COUP

Ein vertraulicher Tipp aus der Türkei kündigte eine Drogenlieferung einer internationalen Schmugglerbande auf dem Luftweg in Wien an. Django nahm daraufhin mit Interpol Kontakt auf und gelangte zu der Überzeugung, dass die Dealer einen Verbindungsmann am Flughafen Wien haben mussten. Nach Rücksprache mit dem Staatsanwalt ließ er die Telefone mehrerer verdächtiger Österreicher anzapfen. Die lauschenden Polizisten hörten zwar nichts mehr von der angekündigten Drogenlieferung, bekamen aber mit, wie eine der überwachten Personen einem Mafioso einen Tipp gab. Im Frachtgebäude des Wiener Flughafen würden Hunderte Millionen Schilling gelagert und nur von einer leicht behinderten Frau bewacht. Der italienische Gesprächspartner antwortete, er sei zwar nur für die Abteilung „Betrug" zuständig, würde aber die Information an das Raubdepartement weitergeben. Der Mafia-Mittelsmann meldete sich bald wieder bei dem Österreicher und vereinbarte einen Termin am Wiener Flughafen. Die Mafiadelegierten für Raub würden zu dritt mit der Abendmaschine aus Rom nach Wien kommen, um die örtlichen Gegebenheiten zu besichtigen. Mittlerweile hatte die Django-Truppe festgestellt, dass es sich bei dem Österreicher, der mit der Mafia kooperierte, um einen Frachtagenten einer Fluglinie handelte.

Tatsächlich entstiegen drei Männer der Maschine aus Rom, die hinsichtlich Aussehen und Auftreten perfekte Darsteller für den Film „Der Pate" gewesen wären. Sie trafen den Fluglinienmitarbeiter in einem Café und besichtigten nach Mitternacht den zukünftigen Tatort. Wie in einem Gangsterfilm fotografierten die Männer die Lokalität, zeichneten Pläne und flogen am nächsten Tag zurück nach Rom. Wieder einen Tag später wurde der Angestellte der Airline über den Plan der ehrenwerten Gesellschaft informiert. Der Raubüberfall sollte am Heiligen Abend stattfinden. Der Österreicher würde am 23. 12. nach Mailand fliegen und in einem bestimmten Lokal eine Prügelei anfangen. Danach müsste er die Weihnachtsnacht im Gefängnis verbringen und hätte damit ein perfektes Alibi. Eigentlich wollte Rupf erst während des Überfalls einschreiten. Doch die Fahnder erfuhren, dass parallel zu dem geplanten Raub in Wien eine Millionenbetrugsaffäre anlaufen sollte. Billige, gefälschte Fernost-Jeans sollten gegen teure Markenjeans ausgetauscht werden. Da diese kriminelle Aktion in der gleichen Frachthalle stattfinden sollte wie der Millionenraub, mussten die Fahnder in Sachen Goldraub früher als geplant einschreiten, um den Betrug zu verhindern. Rupf verhaftete einen Wiener Kaufmann, einen Jugoslawen, einen Mafia-Verbindungsmann aus Mailand und den Frachtagenten, die alle an den Vorbereitungen beteiligt waren, und vereitelte damit den Millionen-Coup. Auch in Italien wanderten einige Mitglieder des organisierten Verbrechens hinter Schloss und Riegel. Die Mafiosi hatten durch ihren Gefängnisaufenthalt nichts gelernt. Einer von ihnen wurde kurz nach seiner Entlassung wieder straffällig und schaffte einen zweifelhaften Karrieresprung: Er wurde via „Aktenzeichen XY ..." gesucht. Django zog aus diesem Fall sehr wohl eine Lehre. Das Lager am Flughafen wurde umgehend in eine Sicherheitszone umgewandelt, wodurch Raubüberfälle in Zukunft nicht mehr vorkamen.

WAFFEN & PIPELINES

Drogen sind nicht die einzigen illegalen Waren, die Syndikate und Kartelle immer wieder versuchen, nach Österreich zu bringen. Auch im internationalen Waffenschmuggel spielte und spielt Wien – als Drehscheibe zwischen Ost und West – eine wichtige Rolle. Dabei zeigten sich die Waffenhändler meist sehr kreativ. Einmal deklarierten sie Munition als Buntmetall, bei einer anderen Gelegenheit waren Kanonen als Pipeline-Rohre getarnt.

Im Jahr 1994 probierten die Waffenschieber eine neue Variante aus. Sie wollten 52 Kisten mit Kanonen durch den österreichischen Zoll schmuggeln. Der Absender war eine tschechische Firma, die Ersatzteile für Flugzeuge herstellt. Beim Käufer handelte es sich um ein israelisches Unternehmen in Haifa und als Empfänger wurde die königlich-thailändische Luftwaffe in Bangkok angegeben. Die brisante Fracht passierte noch problemlos den Grenzübergang Drasenhofen, die Zöllner am Flughafen machte aber stutzig, dass Käufer und Empfänger nicht identisch waren. Die Rupf-Truppe fand in den Kisten nicht nur Kanonen, sondern auch Fallschirme, mit denen die Waffen aus dem Flugzeug abgeworfen werden konnten. Es stellte sich heraus, dass die Waffen an dem von der Erzeugerfirma angegeben Flugzeugtyp nicht ohne Zusatzeinrichtung angebracht oder eingesetzt werden konnten. Mit Flugzeugersatzteilen hätten die beteiligten Länder sicher mehr anfangen können als mit den nutzlosen Waffen, die schlussendlich von der Polizei beschlagnahmt wurden.

GOLDMÜNZEN & PLANQUADRAT

Der Simmeringer Karl G. war in seinem Heimatbezirk in eine Wohnung eingebrochen und hatte Goldmünzen und Silberschmuck erbeutet. Um die Wertsachen so schnell wie möglich nach Niederösterreich zu bringen und sie seinem Hehler verkaufen zu können, heuerte G. seinen Freund Hans S. als Chauffeur an. S. tat dem Bekannten zwar den Gefallen, doch er ahnte, dass es bei diesem Ausflug nicht mit rechten Dingen zugehen konnte. Die Schwechater Polizei hatte an diesem Tag eine Planquadrat-Aktion eingeleitet und die beiden Männer wurden in Schwechat-Rannersdorf angehalten. S., der trotz Unwissens über die Tat des Freundes immer nervöser wurde, sprang aus dem Auto und flüchtete. Die

Polizisten fingen ihn allerdings nach kurzer Jagd wieder ein. G. strengte sich gar nicht mehr an und ließ sich aus dem Auto heraus verhaften, als die Beamten die Diebesbeute im Wert von 200.000 Schilling gefunden hatten. Django gab den Bestohlenen, die den Einbruch noch gar nicht bemerkt hatten, noch am selben Abend ihr Eigentum zurück.

GANGSTERQUARTETT & MILLIONENBEUTE

In Schwechat tauchte plötzlich ein Wiener auf, der mit Textilien handelte. Der Polizei kam diese Verkaufstätigkeit nicht astrein vor, denn sie nahm an, die Kleidungsstücke stammten von einem früheren Einbruch bei einer Textilfirma. Im Zuge der folgenden Ermittlungen nahmen die Fahnder den Wiener Hilfsmonteur Friedrich H. unter die Lupe. Bei einer Hausdurchsuchung bei dem überraschten Mann fanden die Beamten eine größere Menge Arbeitsmäntel. H. – nach deren Herkunft befragt – tischte den Polizisten eine kuriose Geschichte auf. Er habe die Textilien bei einem Unbekannten billig erstanden. Doch die Ermittler ließen nicht locker und verhörten den Hilfsmonteur weiter, bis er endlich mit der Wahrheit auspackte. Er verübte schon seit zwei Jahren gemeinsam mit zwei Komplizen und seiner geschiedenen Frau höchst erfolgreiche Einbruchstouren. Ihre Operationsbereiche waren vor allem das Burgenland und das südliche Nieder-

österreich, wo das Gangsterquartett alles zusammenklaute, was ihnen unter die Finger kam. Sie kundschafteten die Tatorte aus, damit sie beim Einbruch selbst vor unliebsamen Überraschungen sicher waren. Mit einem VW-Bus fuhren sie dann zu der entsprechenden Firma oder dem Wohnhaus. Während ein Komplize und die Frau Schmiere standen, räumten die anderen zwei den Kleinlaster mit Diebesgut voll.
Oft besuchte die Bande ein und denselben Tatort bis zu drei Mal, damit sie die gesamte Beute abtransportieren konnte. Dabei suchten sie sich nur viel versprechende Ziele aus. Verschiedene Lager- und Wochenendhäuser gehörten ebenso dazu wie Supermärkte und Möbelhäuser. Unter den gestohlenen Gegenständen fanden sich ganze Wohnungseinrichtungen, Kleider, Lebensmittel, Garten- und Elektrogeräte. Die Waren wurden nach den Einbrüchen von einem burgenländischen Geschäftsmann weitervertrieben, der als Hehler fungierte. Insgesamt konnten Rupf und Co. drei Wagenladungen Diebesgut, deren Wert sich in Millionenhöhe bewegte, aus den Wohnungen und Lagern der Gangsterbande sicherstellen und abtransportieren.

DIENSTSCHLUSS & EINBRUCHSTOUR

Während die meisten berufstätigen Männer nach dem Arbeitstag den Feierabend mit der Familie, mit Freunden oder vor dem Fernsehapparat genossen, nutzten ein Kraftfahrer und ein Bundesheerkorporal die abendliche Freizeit, um Firmen, die Hi-Fi- und Autoartikel vertreiben, auszuräumen. Der erste Einbruch bei einer Schwechater Firma brachte den Männern Waren im Wert von 350.000 Schilling. Ein Lichtschacht war der Ein- und Ausstieg in eine Wiener Filiale eines Elektro-Unternehmens, das die Diebe um jede Menge teure Videotechnik erleichterte. Auch vor zwei Wiener Reifenfirmen machten die Einbrecher nicht Halt.

Dabei wandten sie bei ihren nächtlichen Streifzügen verschiedene Methoden an. Entweder sie warfen die Ware über den Zaun oder sie transportierten die Beute – wenn vorhanden – gleich frech mit dem Lieferwagen der bestohlenen Firma ab. Erwin M. und Harald K. verkauften die Artikel anschließend zu Dumpingpreisen oder verschenkten sie an Freunde und Verwandte. Außerdem verhalfen ihnen verschiedene Hehler zu insgesamt einer Million Schilling Verkaufserlös. Ernste Probleme bekamen die sorglosen Diebe, als sie das Diebesgut einem Kriminalbeamten als billige Konkursware anboten. Dieser „Fehltritt" und jede Menge Hinweise reichten aus, um die Männer hinter Gitter zu bringen. In den Räumen einer Tankstelle in Zwölfaxing konnten die Schwechater Beamten schließlich ein riesiges Beutedepot sicherstellen. Der Besitzer Harald B. hatte die Waren aus den Einbrüchen als Mittelsmann vertrieben.

EHERING & RAUBVERSUCH

Im Wonnemonat Mai wollte sich der 36-jährige Straßenbahner Kurt J. verheiraten. Der Floridsdorfer bereitete diese Eheschließung besonders sorgfältig vor, denn es war seine zweite, die nach der gescheiterten ersten nun wirklich ewig halten sollte. Am Vormittag besorgte er die Blumen und wollte anschließend bei einem Juwelier die Eheringe kaufen. Als er feststellte, dass absolute Ebbe in seiner Kasse war, obwohl der Monat erst angefangen hatte, beschloss er, sich auf die Schnelle Bargeld zu besorgen. Er kam auf die gloriose Idee, im Vorübergehen eine Bank zu überfallen. Die notwendigen Utensilien für den professionellen Beutezug waren schnell beschafft. In einem Damenmodengeschäft besorgte er sich ein Paar Strümpfe und erwarb in einem Spielzeugladen eine Spielzeugpistole. Mit dem Strumpf vor dem Gesicht und dem Accessoire für Cowboyspiele im Anschlag stürmte er die Bank. Doch plötzlich bekam er es mit der Angst zu tun und gab Fersengeld, noch bevor er einen einzigen Schilling erbeutet hatte.

Nach dem missglückten Überfall zog sich der Bräutigam um und borgte sich die Trauringe von einem Freund aus. Mit immer noch leichtem „Knieschnackerln" fuhr er zum Wiener Rathaus, wo die Trauung stattfand. Nach dem Jawort begab sich die fröhliche Hochzeitsgesellschaft zur Tafel in ein Wiener Restaurant. Als während des Essens ein Kolporteur mit der

Abendausgabe der „Kronen Zeitung" durch das Lokal ging, kauften einige Hochzeitsgäste dem Mann Exemplare ab. Einer der Anwesenden las eine Geschichte über einen Bankraub in der Tageszeitung und amüsierte sich köstlich. Der Mann auf dem Foto, das von der Überwachungskamera in jener Floridsdorfer Bank aufgenommen worden war, sah dem frisch gebackenen Ehemann zum Verwechseln ähnlich. Die Stimmung der Hochzeitsgesellschaft war am Höhepunkt, als die „Krone" rund um die Tafel ging und alle johlten: „Kurti, der schaut ja aus wie Du." Mit einem gequälten Lächeln meinte der Hochzeiter, dass es sich um eine Verwechslung handeln müsse.

Die anschließende Hochzeitsnacht dürfte nicht ganz so verlaufen sein, wie das junge Paar es sich vorgestellt hatte. Kurt J. war durch das Fahndungsfoto in der „Krone" so verunsichert, dass er am nächsten Tag zur Polizei ging und die Sache mit dem Foto klarstellte: „Meine Herren, der Typ auf dem Foto schaut zwar aus wia i, aber i kann's net gwesen sein, denn i hob gestern g'heirat. Wer tät am Hochzeitstag scho a Bank überfalln. Des wollt i Ihna nur sagn, denn morgen fahr i auf Hochzeitsreise nach Rom und kumm erst am Sonntag wieder zruck." Die Polizisten nahmen Daten und Aussage des Straßenbahners auf und ließen ihn gehen. Erleichtert und sich in Sicherheit wiegend, reiste Kurt J. mit seiner Frau in die Flitterwochen nach Rom und genoss das junge Glück. Mittlerweile hatte die Polizei im Fall des versuchten Bankraubs ermittelt. Nachdem alle Spuren zum Hochzeiter Kurt J. führten, schrieben ihn die Kriminalisten im 21. Bezirk zur Fahndung aus. Natürlich landete diese zuerst auf Djangos Schreibtisch, denn die Polizei wusste ja von J. selbst, wann er per Flugzeug aus Italien zurückkommen würde. Als das braun gebrannte, heftig turtelnde Paar dann pünktlich in Wien landete, war mit Flittern erst einmal Schluss. Django ließ die Handschellen klicken und die junge Frau musste die nächsten Monate ohne ihren treu sorgenden Gatten verbringen.

BLÜTEN & BEIRUT

Neben wirklichen Wertgegenständen gehört Falschgeld zu den beliebtesten Schmuggelgütern. Wieder einmal bekam Django einen vertraulichen Hinweis von einem Mafia-Informanten. Ein deutscher Kaufmann war mit großen Mengen Falschgeld mit der Bahn von München nach Österreich unterwegs. Django kannte die genaue Reiseroute und fuhr mit einigen seiner Mannen zur deutschen Grenze. Der Gesuchte war im Zug und wurde beobachtet. Die Fahnder hofften, auch die Verbindungsleute zu schnappen. Sie folgten dem Kaufmann bis zu einem Hotel nahe dem Wiener Westbahnhof. Rupf beorderte eine Beamtin als Zimmermädchen und zwei Polizisten als Kofferträger und Portier in die Absteige. Der Mann verließ das Zimmer und die Fahnder durchsuchten sein Gepäck. Im Koffer des deutschen Autohändlers wurden vier Millionen Schilling in libanesischen Pfund gefunden. Die verkleideten Beamten nahmen einen Geldschein mit und ließen ihn überprüfen. Die Experten bezeichneten die Blüten als sehr gute Fälschungen. Der 33-jährige Mann nahm mit niemandem Kontakt auf und wollte – vom Flughafen Wien aus – nach Beirut weiterfliegen. Als die Ermittler den bisher unbescholtenen Mann kontrollierten, fanden sie die falschen Scheinchen. Sie verhörten den Mann 48 Stunden lang. Er sagte aus, die italienische Mafia würde seine Familie bedrohen. Um sie zu schützen, habe er die Blüten transportiert. Die Fahnder lieferten den Mann ins Wiener Landesgericht ein. Am nächsten Tag bekam der Deutsche Besuch von einem katholischen Pater aus Sizilien. Er betreute den Mann „seelisch" und besorgte und bezahlte für ihn einen der besten Anwälte. Der Neuling in der Fälscherbranche wurde verurteilt und büßte seine Haftstrafe ab, ohne seine Hintermänner zu verraten.

ZWILLINGE & BADEURLAUB

Robert und Friedrich M., beide Amateurboxer, kamen braun gebrannt und erholt von einem Badeurlaub in Griechenland am Flughafen Wien an. Die Zwillinge passierten die Passkontrolle und genehmigten sich in einem Flughafen-Café eine original österreichische Melange. Doch als die Kaffeetassen leer waren, legte Django den überraschten 21-Jährigen

Handschellen an. Der Grund für die Verhaftung: Das Brüderpaar hatte eine Bank bei Klagenfurt überfallen. Sie machten die nicht gerade beeindruckende Beute von 50.000 Schilling.

Damit zahlten die beiden ihre Schulden zurück und setzten sich per Bahn nach England ab. Von dort aus waren sie per Flugzeug nach Griechenland aufgebrochen, um den neuen Reichtum teilweise in Urlaub anzulegen. Inzwischen hatte die Polizei verschiedene Ermittlungen angestellt und die Freundinnen der Männer, ebenfalls eineiige Zwillinge, vernommen. Diese konnten sich erinnern, dass Friedrich und Robert vor ihrem Urlaub plötzlich zu Geld gekommen waren. Die Fahndung nach den Kärntner Bankräubern lief. Als M. und M. aus ihrem Ferienparadies kommend in Wien-Schwechat landeten, lagen bei der Passkontrolle bereits ihre Fahndungsfotos auf. Die Kaffeepause vor der Verhaftung gewährte ihnen Django nur deshalb, weil er beobachten wollte, ob die Brüder von etwaigen Komplizen abgeholt werden würden. Als dies nicht der Fall war, stand dem Transport ins Gefängnis nichts mehr im Wege.

KONTROLLOR & AUTOKINO

Wer in Djangos Einzugsgebiet dunkle Geschäfte versuchte, hatte bereits einen Freifahrschein ins Gefängnis gelöst. Diese Erfahrung musste auch ein Wiener U-Bahn-Kontrollor machen.

Wilhelm G., beschäftigt bei den Wiener Linien, war für die Überwachung der U-Bahn-Stationen mittels Kameras verantwortlich. Kam es zu einem Überfall, sollte er selbst eingreifen oder die Polizei verständigen. Doch wollte G. nicht immer nur Übergriffe verhindern, sondern einmal selbst einen begehen. Gemeinsam mit zwei arbeitslosen Freunden beschloss er, die Kassiererin des Autokinos in Groß-Enzersdorf zu überfallen. Da das „Trio kriminal" wusste, dass es sich bei der Kassiererin um eine betagte Dame handelte, sahen sie in der Kinokasse leichte Beute. Während ein Bud-Spencer-Film lief, traten die Männer die 75-jährige Frau brutal vom Sessel und prügelten auf ihr wehrloses Opfer ein. Mit 20.000 Schilling flüchteten die feigen Räuber. Django und Co. begannen sofort mit Ermittlungen und Kontrollen in den Kreisen ihrer „Klienten". Verschiedene Tipps von Unterweltlern führten die Fahnder auf die Spur des Trios. Der Kontrollor und einer seiner Freunde konnten gleich festgenommen werden, der zweite Arbeitslose wanderte nach kurzer Flucht ebenfalls in den „Häfn"*.

BONBONNIEREN & TÜRKEI

Die Fahnder kämpften am Wiener Flughafen gegen Schmuggel aller Art. Auch Luxusgüter, die im Herstellerland günstig erworben und in Österreich oder im benachbarten Ausland teuer verkauft wurden, gehören zu den bevorzugten Waren. Um die oft raffinierten Verstecke der Schmuggler zu

**Häfn: Gefängnis, Arrest*

enttarnen, bedarf es kriminalistischer Intuition, Kombinationsgabe, eines Allgemeinwissens und einer ordentlichen Portion Hausverstand. Ein Passagier war von der Türkei aus nach Wien geflogen und fiel Django und Co. auf, als er den Flughafen verlassen wollte. Die Beamten forderten ihn auf, seine Koffer zu öffnen und fanden darin eine große Anzahl an Bonbonnieren. Nun ist die Türkei nicht das klassische Schokoladeland. Außerdem bedeutet das Mitbringen von Süßigkeiten in das Land der Sachertorten, Mozartkugeln und Zaunerstollen ohnehin das Tragen von Eulen nach Athen. Als aufrechte Österreicher fanden die Beamten diese Mitbringsel äußerst seltsam und öffneten eine der Schachteln. Anstatt Konfekt und Pralinen kam ein teurer, handgeknüpfter Seidenteppich zum Vorschein. Als alle Schachteln schließlich kontrolliert waren, wussten die Beamten, dass der Türke plante, einen regen Handel mit geschmuggelten Seidenteppichen aufzuziehen.

Gentleman & 60 Brüche

Als der Kärntner Klaus W. wegen Einbruch und Erpressung in einem Schweizer Untersuchungsgefängnis saß, gelang es dem stets auf Gentleman-Gauner getrimmten Kriminellen mit Hilfe einer Säge aus der eidgenössischen Haft zu flüchten. Von da an warteten Django und Co. nur darauf, dass der Berufsverbrecher irgendwann wieder in Österreich auftauchen würde. Mit 360.000 Schilling, die der selbst ernannte „Arsene

Lupin" vor seiner Verhaftung in der Schweiz vergraben hatte, finanzierte W. seine Diebestouren in Italien. Dann passierte er die grüne Grenze nach Österreich und setzte in seinem Heimatland die Beutezüge fort. Mit Anzug, Krawatte und dem Werkzeug im Diplomatenkoffer verübte der Berufsdieb etwa 60 Einbrüche und richtete einen Schaden von zirka einer Million Schiling an.

Als W. dann sein Unwesen in Wien treiben wollte, hatte er offenbar nicht mit Django gerechnet. Die Schwechater Fahnder verhafteten den Kriminellen in einem Hotel am Wiener Gürtel, nachdem sie ihn tagelang observiert hatten. In seinem Hotelzimmer wurden Faustfeuerwaffen und verschiedene Beutestücke sichergestellt. Nach der ersten Einvernahme versuchte sich der Mann durch eine Panikaktion seiner gerechten Strafe zu entziehen. Es gelang ihm, den Beleuchtungskörper in seiner Zelle, der durch ein Drahtgitter geschützt war, zu zerbrechen. Einen der Glassplitter verwendete er dazu, sich die Plusadern aufzuschneiden. Zum Glück wurde er rechtzeitig von einem Beamten gefunden und konnte gerettet werden.

MAFIA & GOLD-CONNECTION

Auf dem Flughafen Heathrow in London wurde ein besonders spektakulärer Raub begangen. Eine Tonne Goldbarren wechselte illegal den Besitzer. Die Täter überschütteten die

Flughafenmitarbeiter mit Benzin und drohten, sie anzuzünden, wenn sie den geringsten Widerstand leisteten. Django hatte damals einen sehr guten Informanten bei der italienischen Mafia. Dieser verbreitete, in Absprache mit Rupf, er habe einen Goldkäufer an der Hand. Tatsächlich bot die Mafia 100 Kilogramm Gold in 13-Kilogramm-Barren zum Kauf an. Rupf nahm mit den Verkäufern Kontakt auf und handelte einen für beide Seiten günstigen Preis aus. Die Italiener wollten das Geschäft in Innsbruck abwickeln, doch Django informierte die Verkäufer davon, dass der Käufer ein Araber sei, der ein Hotel am Flughafen Wien als Treffpunkt vorziehen würde. Die Italiener willigten ein, und Django begann mit seinen Vorbereitungen.

Er besorgte zwei völlig identische Reisetaschen. Eine blieb leer, die andere füllte er mit Papierschnitzeln. Mit den Taschen ging er zu einer Bank am Flughafen. Er übergab dem Bankbeamten die Tasche mit den Papierschnitzeln und erklärte ihm den Plan. Wenn Rupf mit einigen Leuten in der Bank auftauche, würde er dem Bankmann die leere Reisetasche übergeben und ihn bitten, 30 Millionen Schilling hineinzuzählen. Nach einiger Zeit würde der Kassier dann mit der vollen Tasche zurückkommen, jedoch das Gepäckstück mit den Papierschnitzeln an Rupf übergeben.

Django traf sich mit zwei Mitgliedern der „ehrenwerten Gesellschaft", die aus Rom angereist war, wie vereinbart in der Hotelhalle. Gemeinsam mit ihnen begab er sich dann zu

bewusster Airportbank. Der Beamte sicherte die Summe von 30 Millionen Schilling zu, allerdings könne er sie erst am nächsten Tag übergeben, da er einen Teil des Geldes erst anfordern müsse. Als die Italiener diese Vorgangsweise akzeptiert hatten, wollte Rupf seinerseits nun die Goldbarren sehen. Die drei Männer kehrten zum Hotel zurück, von wo aus der eine Mafioso, der der Boss zu sein schien, die telefonische Anweisung gab, die Goldbarren zum Flughafenhotel zu transportieren. Das Auto mit dem Gold und zwei anderen Italienern setzte sich von einem Hotel, nahe der Wiener Westeinfahrt, Richtung Flughafen in Bewegung. Bei der Ankunft konnte sich Django von der Präsenz der „Ware" im Kofferraum des PKW überzeugen. Da er annahm, dass die beiden Männer schwer bewaffnet waren, verwarf Rupf die Idee, die Verbrecher gleich auf dem Hotelparkplatz zu stellen.
Er hatte vor dem Treffen eine routinemäßige Verkehrskontrolle aufgebaut, sodass die Mafiosi, wenn sie mit dem Auto nun den Weg zurück zur Westeinfahrt nehmen wollten, im Verkehr stecken bleiben mussten. Bei der Kontrolle würden die Polizisten dann rein zufällig die Goldbarren finden und die Männer verhaften. Doch meistens kommt es anders, als man denkt. Die Italiener fuhren weg und ein Auto der Fahnder folgte ihnen. Django gab über Funk den Startschuss zur Verkehrskontrolle bei der Autobahnauffahrt. Der PKW der Mafiosi fuhr aber nicht Richtung Autobahn, sondern drehte eine Runde auf dem Flughafen. Bei einem Taxistandplatz

stiegen der Boss und sein Begleiter aus und fuhren mit dem Taxi weg. Das Goldauto nahm jetzt Kurs auf die Autobahn und musste wegen der Verkehrskontrolle anhalten. Die Fahnder, die schon die ganze Zeit hinter dem Goldtransport her gewesen waren, sprangen aus dem Wagen und überwältigten die beiden Männer. Einer der Ermittler brachte das Fahrzeug mit der Goldladung in Sicherheit.

Mittlerweile folgte Django mit zwei Kollegen dem Taxi mit den anderen Italienern. Er startete wieder über Funk die Verkehrskontrolle, und auch das Taxi musste anhalten. Die Fahnder sprangen heraus, rissen die Türen auf und Django hielt die Mafiosi mit der Maschinenpistole in Schach. Der Taxifahrer riss die Hände in die Höhe und schrie: „I bin unschuldig" und katapultierte sich mit einer zirkusreifen Hechtrolle aus dem Auto. Worauf das Taxi ungelenkt auf den vorderen Wagen auffuhr. Alles hatte sich derart schnell abgespielt, dass die meisten der Autofahrer den Vorgang gar nicht bemerkt hatten. Die anderen, denen die „Action" aufgefallen war, glaubten als Statisten bei den Dreharbeiten zu einem Kriminalfilm mitgewirkt zu haben.

Doch der Fall lieferte zum Schluss noch eine unerwartete Pointe. Die 81 sichergestellten Goldbarren brachte die Polizei zum Hauptmünzamt, wo sie aus dem Seidenpapier gewickelt und untersucht wurden. Die Experten stellten schnell fest, dass es sich bei der Beute um Katzengold handelte. Sechs der Barren bestanden ausschließlich aus Messing, obwohl sie punziert waren. Die anderen vier hatten einen weißen Metallkern und waren dünn mit echtem Gold überzogen. Die Mafia hatte professionelle Arbeit bis ins Detail geleistet. Nicht nur die Barren waren falsch, sondern auch die dazugehörigen Papiere.

RUSSISCHE EINBRECHER & VEILCHEN

Es gab eine Zeit, da fiel der Django-Truppe auf, dass viele junge Männer aus Israel, dort eingebürgerte Russen und Georgier in Österreich einreisten. Die im Duo ankommenden Männer hatten kein Gepäck. Als sie Österreich nach zwei Wochen wieder Richtung Israel verließen, waren sie neu eingekleidet, hatten Gepäckstücke, gefüllt mit nagelneuen Waren und Bargeld bis zu 100.000 Schilling bei sich. Der plötzliche Reichtum kam Django spanisch vor und er begann mit seiner Truppe, die Männer zu observieren. Dadurch konnte er eine international organisierte Verbrecherbande ausheben und Diebesgut mit hohem Wert sicherstellen.
Die Vorgangsweise des Einbrecherrings war bis ins kleinste Detail geplant. Die in Österreich ansässigen Bandenmitglieder kundschafteten lukrative Einbruchsorte aus. Die eingereisten Männer stiegen in bestimmten Pensionen ab, in denen sie einen Schlüssel zu einem Schließfach am Bahnhof vorfanden. Das Fach enthielt das Werkzeug für den Einbruch und eine Beschreibung des Tatorts. Und man hatte auch vermerkt, wann

sie am besten ihrer Tätigkeit nachgehen konnten. Die Diebesduos stahlen ausschließlich Schmuck und Geld. Die Beute mussten sie anschließend in dem erwähnten Schließfach hinterlegen, wo sie gleichzeitig eine neue Auftragsbeschreibung vorfanden. Nach zwei Wochen, die die jungen Männer mit Einbruchstouren verbrachten, fanden sie in dem Schließfach ihr „Honorar", das bis zu 200.000 Schilling betrug.

Die stets schwer bewaffneten Täter trieben ihr Unwesen nicht nur in Wien, sondern auch in anderen österreichischen Städten wie Linz und St. Pölten. Als die Fahnder nach einer Verhaftung eine Wiener Pension verließen, fuhr ein Auto mit einem verdächtigen Insassen vor. Die Ermittler überprüften den Mann und das Auto und fanden im Kofferraum große Mengen an Schmuck. Der Dieb kehrte gerade von einem Einbruchstrip aus Linz zurück. Neben den rund 20 Männern, die Django in Österreich hinter Schloss und Riegel brachte, konnten durch seine Hinweise auch in anderen europäischen Ländern wie Belgien, Niederlande, Deutschland, Schweiz und Frankreich zahlreiche Mitglieder der international agierenden Einbrecherbande festgenommen werden.

Die Vernehmung der russischen Diebe aus Israel gestaltete sich ein Mal ungewöhnlich. Rupf und seine Kollegen besprachen die weitere Vorgangsweise des Verhörs im Vernehmungszimmer, in dem auch der Verhaftete saß. Plötzlich hörten sie zwei klatschende Geräusche. Der Mann hatte sich mit der Faust beide Augen blau geschlagen. Bei der Einvernahme gab er an, dass er damit gerechnet hatte, verprügelt zu werden. Dies sei bei Verhaftungen in Russland so üblich. Um die Misshandlung beweisen zu können, hatte er sich selbst diese Veilchen verpasst. Nachdem bei Django nie jemand geschlagen wurde, behauptete der Russe nachher auch nicht, dass seine Blauäugigkeit von der Polizei stammte. Rupf und Co. waren darüber sehr froh, denn die Story vom „Selbstzüchtiger" hätte ihnen im Falle einer Anzeige kein Richter abgenommen.

Spezialreifen & Omas Badewanne

Nach einem anstrengenden Nachtflug auf der Langstrecke, freute sich der AUA-Pilot nur noch auf sein Bett. Er ging zu seinem BMW 323i und stieg ein, um so schnell wie möglich das Flughafengelände zu verlassen. Als er den Motor startete, bewegte sich sein Luxusschlitten nicht von der Stelle. Er stieg aus, um die Ursache des Defekts zu überprüfen und traute beim genaueren Betrachten des Autos seinen Augen nicht. Alle vier Spezialreifen mit Alufelgen, im Wert von 18.000 Schilling, fehlten. Stattdessen war der Wagen auf vier alten Autobatterien aufgebockt. Ein Fall für Rupfs Fahnder, die auch prompt mit den Untersuchungen begannen. Sie befragten alle BMW-Fahrer der Umgebung und stießen dabei auch auf den 25-jährigen Alfred W., der bei einer Mietwagenfirma am

Wiener Flughafen beschäftigt war. Bei W. fanden die Polizisten ein Autoradio, das kürzlich aus einem Porsche gestohlen worden war. Der Wagenheber des Mannes war aber in jüngster Zeit nicht benützt worden. Django ließ nicht locker und ordnete eine Hausdurchsuchung bei der Großmutter des jungen Mannes an, wo dieser zurzeit wohnte. In der Wohnung der Frau fanden die Ermittler nicht nur einen neuen, ein Mal benutzten Wagenheber, sondern auch die Spezialreifen. W. hatte sie in der Badewanne gelagert.

WIENERWALD & KEIN ERFOLG

Robert S. aus Fischamend hatte mit zwei Spezis Raubüberfälle geplant und durchgeführt. Die Männer bestahlen nicht nur die Messestand-Gestaltungsfirma, in der S. arbeitete, sondern sie wollten auch die Kassiererin eines „Wienerwald"-Lokals überfallen und ihr die Tageslosung entreißen. Die Männer hatten sich bereits alle nötigen Hilfsmittel besorgt und lauerten der Frau vor der Bank auf. Doch das Schicksal befand sich diesmal eindeutig auf der Seite des präsumtiven Opfers. Die „Wienerwald"-Mitarbeiterin hatte an diesem Abend entschieden, das Firmengeld mit nach Hause zu nehmen, weil ihr der Weg bis zur Bank zu beschwerlich erschien. Dem Raubtrio gelang der geplante Übergriff nicht und Django konnte weitere Aktivitäten der Diebe verhindern. In einem Wohnhaus in Wien hatten die Kriminalisten ein Radio gefunden, das zu den Beutestücken vom Einbruch in die Gestaltungsfirma stammte. Mit diesem Beweisstück und wertvollen Hinweisen aus der Bevölkerung konnten die Fahnder eine Verbindung zu S. und seinen Kumpanen herstellen und alle drei Männer dingfest machen.

Djangos Verhältnis zu den Medien war in all den Jahrzehnten gut. Die Journalisten - wie hier Michael Jeannée - schätzten seine Stories.

Wenn in Gepäcksstücken bei der Durchleuchtung seltsame Gegenstände entdeckt wurden, schalteten die Beamten Alfred Rupf ein.

Papierkram und Administration waren dem Praktiker immer ein Greul. Er kämpfte lieber an der „Front" gegen die Kriminalität.

8. KAPITEL:

VON MISSGESCHICKEN ZU KOTTANFÄLLEN

Wer glaubt, dass Inspektor Kottan einzig in der Fantasie der Autoren Patzak und Zenker existierte, der irrt. Auch in der Realität gibt es sie alle: der Katastrophen verursachende Schrammel, der Kaffee jagende Polizeipräsident und der Reifen zerstechende Polizist in Uniform.
Wie in der Kultserie stürmen sie falsche Wohnungen, geraten in Slapstick-Situationen und lassen sich von den Tätern austricksen. Django erinnert sich an die Missgeschicke mit einer gehörigen Portion Selbstironie und augenzwinkernder Schadenfreude.

DROGENDEALER & BADENIXE

Um einen Drogenhändler zu erwischen, wurde eine Wohnung observiert. Als die frische Lieferung eintraf, schritten die Fahnder ein. Der Lieferant war der Polizei bekannt und als er das Haus betrat, folgten ihm die Polizisten schnell und vorsichtig. Hätte der Dealer nämlich gemerkt, dass die Polizei hinter ihm her ist, hätte er die teure Fracht ins Klo geworfen und runtergespült. Im Wissen, dass sich das Drogenlager im ersten Stock befand, klopften die Ordnungshüter. Als niemand öffnete, brachen sie die Eingangstür auf, die dabei zertrümmert wurde, und erwarteten dahinter die gesuchten Männer. Stattdessen fanden die Polizisten eine gellend schreiende Frau vor, die nackt in der Badewanne saß. Entsetzt stellten die Ordnungshüter fest, dass sie in die Wohnung im Hochparterre und nicht in jene im 1. Stock eingedrungen waren. Anstatt einer Verhaftung hatten die Männer nun die Aufgabe, die geschockte Badenixe zu beruhigen und für die Reparatur der eingetretenen Tür zu sorgen. Zu ihrem Glück kamen der Tischler schnell und der Ehemann der Dame erst später nach Hause.

SAUNAJAGD & NACKTER DEALER

Bei der Verfolgung eines nackten Saunagastes durch den Nassbereich kamen die Polizeibeamten ordentlich ins

Schwitzen. Der mehrfach vorbestrafte Dealer Michael T. war wochenlang beschattet worden. Bei einem Besuch des Verdächtigen in einer Sauna im 2. Bezirk in Wien entschloss sich die Polizei, den Mann zu stellen. Leider entkam er vorerst, und die Polizisten, angezogen unter lauter Freikörperkulturanhängern, die sich lautstark über die Störung beschwerten, jagten den Nackten aus der Sauna hinaus. Die Fahnder hatten schlussendlich doch Glück. Der vorher nackte Kleindealer hatte sich als Bademeister verkleidet und wurde schließlich im Dampfbad aufgegriffen. Obwohl er jetzt angezogen war, hatten die Beamten den vorher Hüllenlosen wieder erkannt. In seinem Umkleidekasterl fanden die Polizisten ein halbes Kilogramm Cannabisharz.

OBEN OHNE & UNTEN NIX

Zu einem gepflegten Besuch im Wiener Traditionsbad „Gänsehäufel" gehört neben Spaß im Wellenbad und nahtlosem Bräunen am FKK-Strand auch eine Wurstsemmel und ein kühles Bier. Ein Rentner hatte es sich zur Aufgabe gemacht, die nackten Badegäste im FKK-Bereich mit Erfrischungen aus seinem Bauchladen zu versorgen. Mit oben ohne – unten nix verkaufte er neben kühlen Getränken und Snacks noch ein anderes Schmankerl. Die antörnenden Haschisch-Portionen hoben nicht nur die Laune der Nackedeis, sondern besserten auch seine eigene Pension auf. Als die Fahnder die Geschäfts-

praktik des Pensionisten durchschaut hatten, beschlossen sie einzuschreiten. Um an den Kleindealer heranzukommen, mussten auch die Ordnungshüter raus aus der „Wäsch".
Django hätte sich in jungen Jahren ohne Skrupel als Nackedei ins Geschehen gestürzt. Doch als Starermittler des Landes befürchtete er einen Paparazziangriff aus dem Gebüschhinterhalt. Ein derartiges Foto wäre für die Medien ein gefundenes Fressen und für Djangos Image schädlich gewesen. So entschloss er sich, zwei junge, schlanke Kollegen einzusetzen, die im Adamskostüm für die Verhaftung des erfinderischen Dealers sorgten.

LUXUSKAROSSE & METALLSTREIFEN

Informanten in Afrika kündigten einen Diplomaten an, der in seinem PKW große Mengen Stoff nach Österreich schmuggeln wollte. Das Auto würde als Frachtgut am Flughafen Wien ankommen. Gespannt warteten die Fahnder auf die angekündigte Karosse. Als der PKW eintraf, stellten die Ermittler folgende Diagnose: Das Auto einer Nobelmarke hatte schon bessere Zeiten gesehen. In Österreich hätte es sicher kein „Pickerl" mehr bekommen. Doch nach dem Motto: „Alter schützt vor Drogen nicht" begann die Django-Truppe die Rostlaube gründlich zu untersuchen. Sie ließen einen Sachverständigen kommen, der die Autoruine auf 5.000 Schilling schätzte. Nachdem die Fahnder jedes Detail des

Wagens gründlichst untersucht hatten, erhärtete sich in den Kriminalistenhirnen der Verdacht, dass sie es mit einem besonders raffinierten Drogenschmuggler zu tun hatten. Das Auto musste voll Stoff sein, warum hätte der Diplomat den Schrotthaufen sonst um das Vielfache des Wertes teuer per Luftfracht transportieren lassen? Den Polizisten blieb nichts anderes übrig, als das Auto komplett zu zerlegen. Um die Aktion auf den Punkt zu bringen: Sie ließen das einst noble Gefährt mit der Trennscheibe in Streifen schneiden. Als der Arbeiter mit seiner Tätigkeit fertig war, hatten die Fahnder einen überdimensionalen Blechhaufen, aber kein Suchtgift.

Die Begegnung mit dem afrikanischen Diplomaten, der sich darauf gefreut hatte, sein Auto am Flughafen in Empfang zu nehmen, entbehrte nicht einem hohen Maß an Peinlichkeit. Der fassungslose Mann konnte kaum glauben, dass diese Blechstreifen einst sein Renommierauto waren. Nach diversen Beschwerden zahlte die Republik Österreich dem Diplomaten 5.000 Schilling als „Wiedergutmachung", was ihn zumindest oberflächlich beruhigte. Blieb nur die Frage offen: Warum transportierte der Afrikaner das alte Auto nach Wien? In seiner Heimat war es um Wesentliches mehr wert als die Frachtkosten. Daher hoffte der Diplomat, seine Nobelkarosse in Wien um 200.000 bis 300.000 Schilling verkaufen zu können.

HEILIGE KUH & EHEFRAU

Ein weiblicher Fluggast saß in der Ankunftshalle auf seinem Koffer und weinte. Ihr Mann sei vor etwa zwei Stunden das Auto holen gegangen, jetzt habe sie schreckliche Angst, dass ihrem Ehegespons etwas passiert sein könnte, schluchzte sie den vorbeikommenden Beamten entgegen. Sie nahmen sich der besorgten Frau an und halfen ihr, den scheinbar Verschwundenen zu finden. Doch der liebende Gatte war wohlauf und bereits zu Hause. Vor lauter Glück nach zwei Urlaubswochen, getrennt von seinem Auto, wieder am Lenkrad seiner „heiligen Kuh" zu sitzen, bemerkte er gar nicht, dass er etwas vergessen hatte. Erst als er die Wohnungstür aufsperrte, wurde ihm klar, dass er sowohl das Gepäck als auch seine Frau am Flughafen stehen gelassen hatte. Das beeindruckte den Autofreak nicht sonderlich. Als die Polizei den Mann telefonisch erreicht hatte, ließ er seiner verstörten Gattin ausrichten, sie solle sich ein Taxi nehmen und gemeinsam mit dem Gepäck nach Hause kommen.

VORSTANDSDIREKTOR & KEIN MERCEDES

Panik herrschte in der Chefetage einer Fluglinie. Einer der Direktoren war per Flugzeug von einem Auslandsaufenthalt zurückgekommen und wollte mit seinem dicken Mercedes nach Hause fahren. Der Schreck war groß, als er das teure Auto nicht finden konnte. In höchster Aufregung machte er bei den zuständigen Polizisten eine Anzeige wegen Diebstahls. Die Beamten stellten umgehend Nachforschungen an und konnten den Aufenthaltsort des verschwundenen Autos feststellen. Es stand wohlbehalten Seite an Seite mit anderen PKWs, die nicht vorschriftsmäßig am Wiener Flughafen geparkt waren. Der gestresste Airline-Manager hatte sein Auto vor dem Abflug auf der Rampe im Halteverbot abgestellt, von wo es wegen falschen Parkens abgeschleppt wurde. Diese Maßnahme hatte möglicherweise einen Diebstahl verhindert, denn der Herr Vorstandsdirektor hatte auch vergessen, die Türen des Autos abzusperren.

DER NACKTE & DIE KLOMUSCHEL

Einem ungewöhnlichen Einsatz sah sich die Truppe des Wiener Flughafens gegenüber, als sie in ein gelandetes Flugzeug gerufen wurde. Ein Passagier hatte in 10.000 Meter Höhe die Toilette besucht. Um zu vermeiden, sich auf die schmutzige Klobrille setzen zu müssen, wählte er eine eigenartige Methode der Notdurftverrichtung. Er machte seinen Unterkörper frei und stieg auf die Brille. Während er sich auf diese Weise erleichterte, kam die Maschine in Turbulenzen und er rutschte mit den Füßen in die Klomuschel. Beim Versuch sich zu befreien, schwollen seine Füße an und er steckte in der

Toilette fest. Als der Mann keine Anstalten machte, das stille Örtchen zu verlassen, alarmierte dies eine Flugbegleiterin. Die Stewardess, die befürchtete, dem Mann sei schlecht geworden, sperrte die Toilette auf. Sie bekam den Schreck ihres Lebens, als sie den halb nackten Mann im Klo stecken sah. Da er auch mit fremder Hilfe nicht aus der verzweifelten Situation zu befreien war, musste er die ganze Strecke von London nach Wien in dieser Lage verharren. Am Flughafen Wien wurde dann die Muschel abmontiert und mitsamt dem Fluggast ins Spital eingeliefert, wo die Ärzte den Mann von seinem Problem befreiten. Er hatte noch Glück im Unglück, dass er sich nicht auf einem Langstreckenflug befand.

WETTKÖNIG & NACKTE TATSACHEN

Django und Kollegen fuhren durch Schwechat, als ihnen ein nackter Mann ins Auge stach. Er hatte zusätzlich zu seinem sittenwidrigen Outfit auch noch eine Kopfhälfte und die gegenüberliegende Barthälfte glatt rasiert. Die Beamten nahmen den Mann in Gewahrsam, denn schließlich hätten sich die Schwechater Bürger zu Recht über dieses öffentliche Ärgernis aufgeregt. Als die seltsame Gestalt im Wachzimmer vernommen wurde, schilderte der notdürftig verhüllte Nackte, der weder betrunken noch geistig verwirrt war, den Beamten die Hintergrundgeschichte seiner erbärmlichen Aufmachung. In seiner Stammtischrunde hatte er seinen Spezis von der

Ebbe in der Kassa erzählt. Die Jungs hatten schon einiges konsumiert und waren in der Stimmung für einen Scherz, den sie sich auch etwas kosten lassen wollten. Sie boten dem „abgebrannten" Freund, der an diesem Abend auf Grund seiner finanziellen Situation nur ein Bier konsumiert hatte, 1.000 Schilling. Dafür müsse er sich eine Kopfhälfte und den gegenüberliegenden halben Bart abrasieren. Wenn er zusätzlich sämtliche Kleider ablegen und im Adamskostüm nach Hause gehen würde, wollten die großzügigen Kumpel noch einmal 2.000 Schilling drauflegen.
Um schnell an Geld zu kommen, entschloss sich der Mann, die Bedingungen sofort zu erfüllen. Er rasierte sich unter dem Gejohle und Gelächter der anderen öffentlich in der Gaststube. Dann machte er sich vollständig frei und trat, wie einst Lady Godiva bekleidet mit ihrem goldenen Haar auf einem weißen Pferd, seinen Weg durch Schwechat an. Außer der gefüllten Geldbörse hatte „Adam" nur seine Schuhe an den Füßen und seinen Gürtel in der Hand, als er auf die Polizisten traf.

ANSTREICHER & ARRESTZELLE

Journaldienste sind so ziemlich das Langweiligste, was einem Vollblutpolizisten widerfahren kann. Nachdem sie aber auch am Flughafen gemacht werden müssen, traf das Los natürlich auch hin und wieder Alfred Rupf. Während er seinen Dienst

absaß und sich nichts sehnlicher wünschte als das Läuten des Telefons oder das Rattern des Fernschreibers, wurden seine Hoffnungen erfüllt. Das Telefon klingelte. Am anderen Ende berichtete die Direktorin eines Schwechater Kindergartens, dass in der Nacht eingebrochen worden war. Der Dieb hatte Schokolade gestohlen und die Handkassa ausgeräumt. Django und sein Team begannen zu ermitteln und fanden heraus, dass es sich bei dem Täter nur um den 23-jährigen Malergesellen Franz W. handeln konnte. Rupf rief den Chef des Maler- und Anstreicherbetriebes an und erkundigte sich, wo W. zu finden sei. Die Auskunft des Meisters erleichterte die Verhaftung des Mannes wesentlich.
W. arbeitete im Auftrag der Firma gerade in den Räumlichkeiten der Polizei auf dem Wiener Flughafen. Er malte eine Arrestzelle aus. Nachdem Rupf dem Maler in der Zelle Farbe und Pinsel abgenommen hatte, sperrte er einfach die Türe ab und der Kindergarten-Dieb saß hinter Gittern. Ein Wermutstropfen traf Django auch bei diesem Fall. Der Chef des Langfingers konnte seinen Auftrag bei der Schwechater Polizei so lange nicht durchführen, bis er für seinen besten Malergesellen einen Ersatzmann gefunden hatte.

Natürlich verfügt der Wiener Flughafen auch über eine Hundestaffel. Ein legendäres Mitglied der vierbeinigen Kommissare war Cyrus. Der schwarze Riesenschnauzer wurde im Polizeidienst eingesetzt, weil er für die Zucht zu groß war. Wo er auch hinkam konnte er auf Grund seiner Größe die schwarze Schnauze auf den Tisch legen und tat es auch. Als in einem LÖWA-Markt in Schwechat ein Einbruch gemeldet wurde, rückte auch Cyrus aus. Der Markt wurde umstellt, Cyrus stürmte hinein, rannte dabei fast den Geschäftsführer um und suchte nach den Dieben. Die Polizei forderte die Einbrecher per Megafon auf, sich zu ergeben und herauszukommen. Als sich nichts rührte, nahmen Polizei und Filialleiter an, der Täter sei der deutschen Sprache nicht mächtig. Auch vom Hund war nichts zu hören. Cyrus gab trotz lautstarker Befehle seines Herrchens kein Lebenszeichen von sich. Die Beamten befürchteten, Cyrus sei etwas zugestoßen.

Mit gezogenen Waffen stürmte die Exekutive den Markt. Totenstille – ein Rascheln – alle Aufmerksamkeit richtete sich auf den Ort, von dem das Geräusch herkam. Cyrus stand seelenruhig da und das Stanniolpapier, in das Schokolade gewickelt wird, hing ihm aus der Schnauze. Als er im Markt keinen Einbrecher fand, hatte er schnell eine riesige Tafel Schokolade gefressen. Tierisch war auch der angebliche Einbrecher. Ein Spatz hatte den Alarm ausgelöst.

ROLLSTUHL & WUNDERHEILUNG

Nicht immer hatte Alfred Rupf nur mit geldgierigen Schwerverbrechern oder gefährlichen Psychopathen zu tun. Manchmal erlaubten sich durchaus honorige Bürger einen kleinen Schwindel, um ihre Bequemlichkeit zu steigern. Ein Mann, der in Wien angekommen war, wurde mit einer Art Hubstapler aus der Maschine gehoben. Danach setzten ihn die Mitarbeiter des Flughafens behutsam in einen Rollstuhl und schoben ihn zur Passkontrolle. Am Gepäcklaufband angekommen, kümmerten sich die hilfsbereiten Begleiter des Gehbehinderten um dessen schweren Koffer und brachten ihn zur Zollkontrolle, wo man ihn mit einem freundlichen Gruß passieren ließ. Als der Mann nun in der Ankunftshalle in seinem Rollstuhl saß und sein Betreuer sich um ein Taxi umschaute, traute Django seinen Augen nicht. Es wirkte, als würde der Fahnder Zeuge einer Wunderheilung.

Der noch vor kurzem Gehbehinderte erhob sich aus seinem Gefährt und wollte eiligen Schrittes mit seinem Koffer den Flughafen verlassen. Selbstverständlich knöpfte sich Rupf den plötzlich Genesenen vor. Sowohl er als auch sein Gepäck wurden durchsucht, denn die Fahnder vermuteten hinter der Maske des scheinbar Kranken einen besonders raffinierten Rauschgiftschmuggler. Der Mann war jedoch clean und hatte eigentlich nichts verbrochen, außer die Mitarbeiter des Flughafens an der Nase herumgeführt. Die Polizisten, die in dieser zivilrechtlichen Angelegenheit keine Maßnahmen setzen konnten, fragten den Schwindler nach dem Grund der Täuschung. Der antwortete Verständnis heischend: „Schaun's, wann i mi net als Gehbehinderter ausgeb, muss i meine Koffer selber tragen."

SCHMID & SCHMID

Die 22-Uhr-Maschine aus Mailand war gerade gelandet, als Rupf seinen Abendrundgang machte. Ein Passagier, der das Flugzeug verlassen hatte, schaute sich verzweifelt, verwirrt und Hilfe suchend um. Er näherte sich Django und fragte: „Sagen Se mal, ik bin doch hier nich in Köln?" Leider musste Rupf dem Orientierungslosen Recht geben. Daraufhin schleuderte der Mann seinen Aktenkoffer zu Boden und schrie „Verdammt nochmal!" Rupf fragte ihn interessiert nach dem Grund des Wutausbruchs. Er war in Mailand spät zum Flughafen gekommen und bereits namentlich aufgerufen worden. Also lief er zum entsprechenden Schalter und gab sich den Mitarbeitern der Airline als der gesuchte „Herr Schmid" zu erkennen. Diese verfrachteten ihn sofort in ein Auto und brachten ihn direkt zur Maschine.
Da auf dem Flugzeug nach Wien ein Herr Schmid gefehlt hatte, glaubte die Besatzung, den richtigen Passagier an Bord genommen zu haben. Doch dieser Schmid wollte nicht an die Donau, sondern an den Rhein. Zu allem Pech konnte der ver-

ärgerte Passagier auch seine Frau nicht mehr verständigen, dass er erst am nächsten Tag in Köln landen und am Flughafen Wien übernachten würde. Diese war bereits auf dem Weg zum Kölner Flughafen, um ihren Mann abzuholen.

Skelett & Röntgengerät

Als am Flughafen Wien Röntgengeräte für die Kontrolle des Handgepäcks eingeführt wurden, kam nicht gleich jeder Passagier damit zurecht. Ein schwedischer Fluggast stand vor seiner ersten Flugreise und war ob dieser Premiere doch etwas nervös. Um seiner Aufregung Herr zu werden, kippte er in einem Lokal am Wiener Flughafen einige Bierchen und Schnäpse dazu. Als die Zeit zum Einsteigen in die Maschine gekommen war, erkundigte sich der Flugneuling nach dem richtigen Gate. Die Informationsdame gab ihm folgende Auskunft: „Bitte gehen Sie zu Flugsteig 4. Allerdings müssen Sie vorher noch durch die Röntgenstraße."

Waren es nun Aufregung, Alkohol oder Verständigungsprobleme: Der Reisende aus dem Norden Europas nahm ebenfalls den Weg des Handgepäcks, warf sich bäuchlings auf das Förderband und wurde gemeinsam mit seiner Reisetasche im Röntgengerät durchleuchtet. An eine Geistererscheinung glaubte im ersten Augenblick der Beamte, der das Gerät bediente. Noch nie war auf seinem Bildschirm ein menschliches Skelett zu sehen gewesen.

TERRORANGST & VERHAFTETE KUH

In Zeiten erhöhter terroristischer Aktivitäten Mitte der siebziger bis Mitte der achtziger Jahre musste das Team jedem Hinweis nachgehen, der ungewöhnliche Vorgänge auf dem Schwechater Flughafen betraf. Während des Journaldienstes wurden die Beamten von Flughafenmitarbeitern angerufen, die eine verdächtige Person beobachtet hatten. Sie lief bereits seit geraumer Zeit auf dem freien Feld des Flughafengebiets herum.

Die Rupf-Truppe schwärmte aus, um den vermeintlichen Attentäter und verdächtigen Eindringling zu stellen. Allerdings brauchten sie Waffen und Handschellen in diesem speziellen Fall nicht einzusetzen. Die Polizisten trafen auf einem Rasenstück einen völlig erschöpften Bauern an, der bereits viele Kilometer zu Fuß gegangen war. Auf seinem Hof, an der Grenze zwischen Burgenland und Niederösterreich, war dem Landwirt eine Kuh ausgekommen, die sich offensichtlich die Umgebung von Schwechat als Ziel ihres verbotenen Ausflugs ausgesucht hatte. Natürlich unterstützten die Freunde und Helfer den Mann. Nachdem die Ausreißerin festgenommen worden war, kehrte er mit ihr in den heimatlichen Stall zurück.

SCHALENSITZ & NASSES KIND

In den vergangenen Jahren wurde der Wiener Flughafen ausgebaut und um die Terminals A und C erweitert. Dazu gehörte auch die Neugestaltung der Ankunfts- und Abflugbereiche. Davor waren die Aufenthaltsräume für die Passagiere mit Schalensessel-Reihen ausgestattet. Viele werden sich noch an die Plastiksitzmöbel in den Farben Weiß, Rot und Gelb erinnern. Während eine Familie auf ihren Abflug wartete, turnte das Kind zwischen und auf den Sitzmöglichkeiten herum. Plötzlich hielt der Sprössling bei seiner sportlichen Betätigung inne und blieb auf einem der Sessel wie angewurzelt stehen. Er hatte vor lauter Spiel und Spaß vergessen, seiner Mutter vier elementare Worte zuzurufen: „Mama, ich muss Lulu." Während der Junior nun auf dem Sessel stand, versteinert wie Lots Weib, breitete sich ein kleiner See in der Plastikschale aus. Die Mutter beförderte angesichts der nassen Bescherung ihr Kind mit spitzen Fingern in Richtung Toilette. Sie kümmerte sich nicht weiter um den Teich, den der junge Mann hinterlassen hatte.

Nichts ahnend näherte sich ein anderer Passagier dem bewussten Sessel. Ein eleganter Herr in einem hellen Anzug wollte die Zeit bis zu seinem Abflug sitzend verbringen. Er ließ sich ausgerechnet auf die Sitzgelegenheit sinken, die das Kind „markiert" hatte. Als der Mann die Nässe bemerkte, war es zu spät. Der edle Stoff hatte die Lacke bereits restlos aufgesaugt.

KÄFER & GOLF

Einige Kollegen standen am Fenster und beobachten, wie ein Polizei-Golf vorfuhr. Vor kurzem war die Einsatzwagen-Flotte von zweitürigen Käfern auf viertürige Golf umgestellt worden. Auf der Rückbank des nagelneuen Autos saß ein Verhafteter. Die Polizisten stiegen aus und wollten den Beifahrersitz umlegen, um den Delinquenten aussteigen zu lassen. Nach mehreren kläglich gescheiterten Versuchen, entschlossen sie sich, den Mann mit einer Alternativmaßnahme aus dem Auto herauszubekommen. Sie zerrten den Verhafteten zu zweit über die Rückenlehne des Beifahrersitzes, die zum Glück nicht mit einer Nackenstütze ausgestattet war, ins Freie. Die berechtigte Frage des nach dieser Aktion etwas zerknautschten Mannes: „Warum hab i denn net hinten aussteigen dürfen?" Wahrscheinlich weil sich die beiden Polizisten erst an die vier Türen des Golf gewöhnen mussten ...

EINSATZ & STEISSBEIN

Manchmal kann ein überstürzter Aufbruch sehr unangenehme Folgen nach sich ziehen. Rupf und seine Kollegen saßen im Kommissariat in Schwechat und wurden zu einem dringenden Einsatz gerufen. Es handelte sich um eine Messerstecherei in einem Wirtshaus. Dieses war aber nicht nah genug, um es rasch per pedes zu erreichen. Daher mussten die

Polizisten die Streifenwagen nehmen, um möglichst schnell am Tatort einzutreffen. Es war zum Zeitpunkt des Aufbruchs bereits dunkel. Die Autos standen im Hof, die Männer rannten so schnell sie konnten zu ihren Fahrzeugen und sprangen hinein. Als einer der Kollegen plötzlich einen gellenden Schrei ausstieß, musste die Messerstecherei noch warten. Der Polizist hatte sich mit voller Wucht auf den Lenkersitz geworfen, doch es war keiner da. Daher knallte er mit dem Steißbein auf die Sitzschiene. Das Geheimnis um den verschwundenen Vordersitz konnte auch ohne kriminalistische Begabung leicht gelüftet werden. Die Mechaniker hatten den Sitz untertags ausgebaut und den Fahrer des Wagens nicht davon in Kenntnis gesetzt.

KOTTAN & DIE LIEBE

Männliches Imponiergehabe kann auch Polizisten in die peinlichsten Situationen bringen. Einer von Alfred Rupfs Kollegen hatte seit kurzem eine extrem hübsche Freundin, mit der er bei den Kollegen Eindruck schinden wollte. Außerdem fuhr er ein neues Auto, mit dem er die Dame seines Herzens beeindrucken wollte. Um all seine Vorhaben unter einen Hut zu bringen, verabredete sich der frisch gebackene Casanova mit seiner Dulcinea vor dem Kommissariat. Nach der leidenschaftlichen Begrüßung ließ er sie umständlich einsteigen und fühlte sich von den Blicken der anderen Polizisten hinter den

Fenstern in seinem Tun noch bestärkt. Doch dann geschah das Schreckliche. Der Schlüssel seines flotten Flitzers fiel im aus der Hand und landete im Gully. Mit Schweißperlen auf der Stirn und einem dünnen Zweig versuchte er tapfer, den Schlüssel aus dem Kanal zu fischen. Das schadenfrohe Grinsen der Kollegen entwickelte sich zu schallendem Gelächter, als die reizende junge Dame nach einer gewissen Zeit aus dem Auto ausstieg und das Weite suchte. Der Schlüsselfischzug ihres Galans hatte ihr zu lange gedauert.

PRESSE & PANDUR

Stolz präsentierten Innenminister Karl Blecha und die Polizei der Presse ein neues Fahrzeug. Der Panzer „Pandur" sollte bei der Terrorbekämpfung zum Einsatz kommen. Der feierliche Moment war gekommen, die Funktionen des Fahrzeuges vorzuführen. Der via Funk ausgesprochene Befehl des Majors lautete: „Pandur, halt!" Dieser rollte ungestört weiter. Den nächsten Versuch, den Panzer zum Stehen zu bekommen, machte der Herr Major per Handzeichen. Endlich hielt der Pandur. Die Luke ging auf und eine Stimme war aus dem Inneren des Panzers zu hören: „I hör nix.", die Luke ging wieder zu. Der Major gab den nächsten Funkbefehl, nur um einige Nuancen lauter. Das Kommando lautete jetzt „Absitzen". Sechs Beamte in Spezialausrüstung sollten in diesem Moment einsatzmäßig aus dem Fahrzeug springen. Nichts rührte sich.

Nach Minuten, die den anwesenden Gastgebern wie Stunden vorkamen, öffnete sich die Luke wieder. Endlich die erlösenden Worte aus dem Pandur: „Es geht net, Herr Major, i bin alanich."

SILVESTER & VERGEWALTIGUNG

Eine Frau verschwand am letzten Tag des Jahres und kehrte erst am vierten des neuen zu ihrem Ehemann zurück. Sie gab an, von zwei Türken entführt und in deren Wohnung verschleppt worden zu sein. Dort hätten die Männer die Frau mehrmals vergewaltigt und sie erst nach Tagen wieder freigelassen. Die Fahndung nach dem türkischen Wohnungsbesitzer hatte bald Erfolg. Allerdings konnte der Mann mit einem wasserdichten Alibi aufwarten. Er hatte sich in der fraglichen Zeit bei seiner Frau in Deutschland aufgehalten. Der andere Türke hatte den Jahreswechsel tatsächlich mit der Frau verbracht. Allerdings war sie ganz freiwillig mit ihm gegangen. Die beiden hatten gewaltfrei einen erotischen Marathon-Rutsch ins neue Jahr gefeiert.

BANKRAUB & KEINE BEUTE

Der Inhaber einer Autowerkstätte hatte sich mit mehr als einer Million Schilling verschuldet und überlegte, wie er sich von dieser finanziellen und psychischen Belastung befreien konnte. Also beschloss der Vater zweier Kinder, in Djangos Revier eine Bank zu überfallen. E. beauftragte seine Sekretärin, ihm verschiedene Accessoires zu besorgen, die er für sein Vorhaben benötigte. G. kaufte für ihren Chef einen Aktenkoffer, einen dunklen Mantel, einen üppigen Schnurrbart zum Aufkleben und eine Perücke mit kinnlangen Haaren. Peter E. legte seine Verkleidung an und stellte sich am Freitagabend als Autostopper auf die Bundesstraße. Er hoffte, dort von einem Auto mitgenommen zu werden. Nach dem Start des Fahrzeugs wollte E. von dem Fahrer, mit gezückter Gaspistole, die mit Bleikugeln geladen war, die Herausgabe des PKW fordern. Das Auto brauchte E. für seinen Bankraub. Tatsächlich blieb ein Wagen stehen, um E. mitzunehmen. Kaum hatte der Fahrer Gas gegeben, bedrohte ihn E. mit seiner Waffe. Doch der 40-jährige C. hatte nicht vor, sich sein Auto stehlen zu lassen. Er verriss den Wagen, schlug dem angehenden Bank- und Autoräuber die Waffe aus der Hand und stieg hart auf die Bremse. Geschockt von der Wendung, die sein Plan genommen hatte, sprang E. aus dem Auto, warf die Verkleidung weg und floh Richtung Schwechat. Nachdem der Autolenker den versuchten Überfall der Schwechater Polizei gemeldet hatte, leitete Rupf eine Großfahndung ein, die zur Verhaftung des Täters führte. Ohne Bart und Perücke machte E. auf Django einen harmlosen Eindruck. Doch eine Handverletzung, die er sich beim Kampf mit seinem „Opfer" im Auto zugezogen hatte, überführte den „Möchtegernräuber".

Dass er nicht nur den PKW stehlen, sondern auch eine Bank überfallen wollte, beichtete der Mann während des Verhörs.

HUND & KLAPPBETT

Innerhalb einer Woche gingen zwei Kollegen mit der gleichen Verletzung in Krankenstand. Der erste läutete im Zuge einer Erhebung an einer Wohnungstür und hörte einen Hund bellen. Eine Frau öffnete die Tür nur einen Spalt und er sagte: „Guten Tag, bitte nehmen Sie den Hund weg, ich bin von der Polizei." Sie versicherte dem Polizisten, dass der Hund ganz harmlos sei und öffnete die Tür ganz. Vielleicht war der Vierbeiner ja wirklich brav und sanft, nur mochte er offensichtlich keine Polizei. Der Hund fiel über den Beamten her und biss ihn kräftig in den Hoden. Die Rettung brachte ihn ins Krankenhaus, damit die besonders schmerzhafte Bisswunde versorgt werden konnte. In der Freizeit traf ein ähnliches Schicksal den anderen Kollegen. Beim Versuch, ein Klappbett aufzustellen, zwickte er sich seine Prachtstücke so heftig ein, dass er ebenfalls ins Spital eingeliefert werden musste.

Faulheit hatte einen Passagier dazu getrieben, sich als Körperbehinderter auszugeben und einen Rollstuhl anzufordern.

Einen Einbrecher setzte Django auf Wasser und Brot, während der Kleinkriminelle eine Arrestzelle am Flughafen ausmalte.

007
Tomorrow Never Dies

VON GEHEIMDIENSTEN ZU INFORMANTEN

Viele seiner großen internationalen Erfolge konnte Django nur mit Hilfe von Kontakten und Informanten erzielen. In den USA, in Südamerika, in ganz Europa, im damaligen Ostblock und in Asien gab es Freunde, Kollegen und Bekannte, die ihn bei den Recherchen seiner Fälle unterstützten. Während die östlichen Geheimdienste Rupf mit großer Distanz begegneten, konnte er bei verschiedenen westlichen Geheimdiensten richtige Freundschaften knüpfen. Außerdem bemühten sich die USA, mit DEA, FBI* und CIA*, als einzige Nation bereits vor 30 Jahren internationale Treffen zu arrangieren, um Informationsaustausch zu pflegen.*

**DEA: Drug Enforcement Administration, amerikanische Drogenfahndung, Abteilung des amerikanischen Justizministeriums*
**FBI: Federal Bureau of Investigation, 1908 gegründet, amerikanische Bundespolizei*
**CIA: Central Intelligence Agency, 1947 gegründete, amerikanischer Geheimdienst*

Informanten, die Kriminalisten mit Hinweisen versorgen, leben gefährlich. Einige Freunde und Kollegen von Alfred Rupf, die ihn bei der Bekämpfung von Drogen, Terrorismus und anderen kriminellen Delikten unterstützten, verloren beim Dienst an der guten Sache ihr Leben oder verschwanden spurlos.

Django arbeitete regelmäßig mit einem jungen Kollegen in Kolumbien zusammen. Der Mann hielt Rupf nicht nur über die Entwicklungen innerhalb der kolumbianischen Drogenkartelle auf dem Laufenden, sondern er erzählte auch von seinen familiären Verhältnissen. Er war verheiratet, hatte ein Kind und das zweite war gerade unterwegs. Als Mitglied der Exekutive musste er ständig um das Leben seiner Familie fürchten. Attentate auf Angehörige von Polizisten waren in Kolumbien keine Seltenheit. Aus Sicherheitsgründen spielte sich das Familienleben hauptsächlich in den eigenen vier Wänden ab. Ein Sonntagsspaziergang mit Frau und Kindern war für ihn ein Ding der Unmöglichkeit. Dass seine Schutzmaßnahmen nicht übertrieben, aber für ihn persönlich nicht ausreichend waren, zeigte sich kurze Zeit später. Nachdem der junge Polizist Rupf stolz von der Geburt seines zweiten Kindes berichtet hatte, riss der Kontakt plötzlich ab. Erkundigungen, die Django über den Kollegen einholte, unterrichteten ihn von der traurigen Realität. Der Mann hatte zwar Frau und Kinder erfolgreich geschützt, wurde aber selbst zum Opfer des kolumbianischen Drogenkriegs. Kurz nach dem letzten Telefonat mit Rupf war er am helllichten Tag auf offener Straße erschossen worden.

Einer von Djangos Informanten, ein Chirurg, war Mitglied der PLO. Er trat für eine politische Lösung des Palästinenserproblems ein, lehnte aber jede Form von Terrorismus ab. Seine Hinweise, die er an die Terrorbekämpfer weitergab, konnten mehrere Anschläge in Europa verhindern. Für Alfred Rupf war dieser Arzt nicht nur ein wertvoller Informant, sondern auch ein Freund. Deshalb traf ihn die Nachricht vom Tod des Mannes ganz besonders. Er war am 10. April 1983 in einer Hotelhalle in Spanien erschossen worden.

Gerhard L. hatte mit Django gemeinsam die „Schulbank" beim Kriminalbeamtenchargenkurs gedrückt. Er arbeitete als Sicherheitsmann in der österreichischen Botschaft in Beirut. Nachdem Rupf und dieser Kollege sich gut verstanden, stellte Django für den Beirut-Neuling einige Kontakte und Verbindungen her. L. sorgte umgekehrt durch Informationen dafür, dass die Wiener Drogenfahnder einige große Lieferungen aus dem Libanon sicherstellen konnten. Eines Tages erhielt Rupf einen anonymen Anruf aus Beirut. Der Informant teilte Django mit, dass Gerhard L. „falsch spiele". Er würde seine Versprechen gegenüber der Terrorszene nicht halten. Bei seinem nächsten Wienaufenthalt, traf sich Rupf mit ihm und erzählte ihm von dem geheimnisvollen Telefonat. Er riet L., die Zelte in Beirut abzubrechen, denn er schwebe in höchster

Lebensgefahr. Da der Job an der Botschaft gut bezahlt war, entschloss sich der Kollege trotzdem, noch einige Monate in Beirut zu bleiben. Er hätte auf Django hören sollen. Als er am 23. Juni 1984 die Botschaft in Beirut verlassen wollte, wurde er erschossen.

Ein anderer von Rupfs Informanten fühlte sich in seiner Heimat Irak nicht mehr sicher und musste abspringen. Rupf riet ihm, in Wien um Asyl anzusuchen. Doch auch Wien erschien dem Iraker zu gefährlich, er wollte in einer kleineren Stadt in Österreich untertauchen. Rupf informierte den damaligen Generaldirektor für öffentliche Sicherheit, Dr. Danzinger, über die Probleme des Irakers. Dieser beauftragte Rupf, seinen Informanten zu veranlassen, in Graz um Asyl anzusuchen. Kurze Zeit nachdem der Mann in der steirischen Landeshauptstadt angekommen war, wurde er das Opfer eines Entführungsversuchs, der aber scheiterte. Als der Kontakt zwischen dem Iraker und Rupf dann plötzlich abbrach, begann er ihn zu suchen. Er aber war aus Graz verschwunden und tauchte nie wieder auf.

OST & WEST

Durch die Tätigkeit am Flughafen konnte Rupf sich nicht nur national, sondern auch international einen angesehenen Ruf schaffen. Der Eiserne Vorhang im Osten und die Trägheit der Interpol im Westen ließ ihn die Initiative ergreifen und selbst

Kontakte mit Kollegen rund um die Welt knüpfen. Hinter dem Eisernen Vorhang baute er Beziehungen auf, auch wenn er diesen Teil der Welt selbst nicht bereisen konnte und wollte. Die Polizei des Wiener Flughafens, der Drehscheibe zum Osten, war besonders auf diese Kontakte angewiesen. Diese wurden im Laufe der Jahre immer intensiver und bedeutender.

Anfangs gab es nur Einzeltäter aus dem Osten, denn die Ostmafia operierte damals noch ausschließlich jenseits des Vorhangs. In den vergangenen Jahren, nach der Öffnung zwischen Ost und West, überschwemmten die organisierten Banden Österreich geradezu. Auch im Westen wurde die Zusammenarbeit intensiviert. Durch das Schengen-Abkommen haben alle EU-Mitgliedsländer Zugriff auf den Zentralcomputer in Straßburg, in dem alle Informationen über Kriminelle gespeichert sind. Außerdem verfügt die Europol über Sondereinheiten im Kampf gegen verschiedene Verbrechenstypen wie z. B. Drogenhandel. Besonders die Bekämpfung des internationalen Terrorismus bedeutete für Django in Zusammenarbeit mit den Kollegen im Ausland einen Höhepunkt seiner Karriere.

Auch die Methoden der Vernehmung haben sich wesentlich verändert. Arbeiteten die Ermittler früher mit Tricks und Psychologie, um den Verdächtigen geständig zu machen, ist es heute oft die Technik, die einen Täter überführt. Die Zugriffe können schneller erfolgen, Laborergebnisse liegen rascher vor,

Flugroutenanalysen lassen erkennen, ob es sich um einen Reisenden handelt oder ob der Kreuz-und-quer-Flugpassagier etwas verschleiern möchte.

Geheimdienste & Verrat

Durch seine Arbeit kannte Django die Praktiken der Geheimdienste sehr genau. Dieses Wissen dämpfte seine Begeisterung, in den Ostblock zu reisen, auch wenn man ihn den Eisernen Vorhang hätte passieren lassen. Schneller als sie schauen konnten wurden dort Menschen verhaftet und mit gefälschten Beweisen hinter Gitter gebracht. Ein beliebter Vorwurf gegen missliebige Ausländer war oft, sie hätten geheime militärische Anlagen fotografiert. Auch im Umgang mit feindlichen Agenten agierten die Ostgeheimdienste nicht zimperlich. Unterstellungen, Erpressungen oder die Vorspiegelung falscher Tatsachen wurden, wenn nötig, auch gegen eigene Leute eingesetzt.

Ein Agent beachtete eine der wichtigsten Grundregeln nicht und tappte so in eine hinterhältige Falle. Er wurde von einem internationalen Geheimdienst verdächtigt, mit Terroristen zu sympathisieren. Als der Agent einen folgenschweren Fehler beging, sah der Geheimdienst seine Chance gekommen, den Mann aus dem Verkehr zu ziehen. Er hatte seinen Koffer auf einem internationalen Flughafen eingecheckt. Kein Profi würde dies tun, sondern nur mit Handgepäck reisen. Das hat er immer unter Aufsicht. Wie durch Geisterhand vermehrte sich der Inhalt des aufgegebenen Gepäckstücks. Am Zielort hatte der in Misskredit geratene Agent zwei Kilogramm Heroin in seinem Koffer. Die Polizei hatte vorher von einem anonymen Anrufer einen Tipp bekommen. Alles Leugnen half dem Mann nichts. Er konnte nicht beweisen, dass er von dem Stoff nichts wusste. Für den Geheimdienst war das Problem gelöst, denn der Agent wanderte für viele Jahre ins Gefängnis.

NEIDGENOSSEN & INTRIGANTEN

Informanten waren leider nicht immer seriös und hatten nicht nur die Klärung eines Falles im Sinn. Django und sein Team mussten auch vielen Tipps von Neidern und Verleumdern nachgehen. Wurde jemand beschuldigt, aus dem Urlaub mit einem Koffer voll Drogen zurückzukommen, waren die Beamten verpflichtet, diesen „Zund" zu verfolgen. Stellte sich die Anschuldigung als falsch heraus, hatte es der Verleumder zumindest teilweise geschafft. Die betroffenen Personen mussten nach einem langen Flug die Befragung und Durchsuchung durch die Polizei über sich ergehen lassen. Das für beide Seiten zermürbende Frage- und Antwortspiel führte selten zum „angekündigten" Erfolg.
Vernaderungen zerplatzen oft wie eine Seifenblase. Einem neidvollen Mitbürger war es einmal ein Dorn im Auge, dass sein Nachbar mit einem Ferrari in der Gegend herum-

kutschierte. Die Polizei war schnell informiert, denn ein Hilfsarbeiter und ein Ferrari – das könne nicht zusammenpassen. Pech für den „freundlichen Mitmenschen“: Der Mann hatte das Millionengefährt weder gestohlen noch mit Drogenschmuggel finanziert, sondern einen Lottosechser gemacht.

Bei seinen Reisen ins Ausland lernte Rupf auch stets Land und Leute kennen: Wie bei einem Kamelritt im Nahen Osten.

Beim Staatsbesuch des Königs von Jordanien beschützte er den hohen Gast und den Bundespräsidenten.

Auch der Multimilliardär Kashoggi gehörte zu den VIPs, die Django eskortierte.

PASSPORT
Vienna
International
Airport

10. KAPITEL:

VON ASYLANTEN ZU SCHLEPPERN

In den letzten zehn Dienstjahren des Alfred Rupf nahm ein weiterer Bereich der Kriminalität am Wiener Flughafen drastisch zu. Unsicherheit in Kriegsgebieten und totalitäre Regime machten die illegale Einwanderung zu einem brisanten Problem. Die Zahl derer, die ihr neues Glück in Österreich oder via Wien im Westen suchten, nahm explosionsartig zu. Die Beamten am Flughafen waren nicht nur mit menschlichen Tragödien, sondern auch mit abgefeimten Methoden konfrontiert. Wie immer, wenn es wo viel Geld zu verdienen gibt, bildeten sich Banden, die die internationale Schlepperei im großen Stil aufzogen. Dieser Zweig der Kriminalität hat sich für die Hintermänner als Milliardengeschäft mit geringem Bestrafungsrisiko erwiesen.

NAVIGATOR & ASYL

Wien schien eine Zeit lang für Flüchtlinge aus Polen ein besonders beliebtes Auswanderungsziel zu sein. Eine polnische Militärmaschine landete außerplanmäßig am Flughafen Wien. Die Insassen des Flugzeugs suchten um politisches Asyl an und blieben in Österreich. Die Maschine wurde in einem aufwendigen Verfahren den polnischen Behörden übergeben und flog mit neuer Besatzung einige Tage später zurück nach Warschau.

Als Wochen später eine Maschine der polnischen Fluglinie LOT in Wien-Schwechat landete, ahnte niemand, dass es erneut einen Besucher aus Polen geben würde, der nicht gewillt war, Österreich wieder zu verlassen. Der Navigator des Flugzeugs hatte knapp nach der Landung um 17.00 Uhr bei der Polizei um Asyl angesucht. Kaum hatten Pilot und Kopilot von dem Ansinnen des Crewmitglieds Wind bekommen, erschienen sie bei den Beamten und verlangten, mit ihrem Kollegen sprechen zu dürfen. Sie hatten offensichtlich vor, den Navigator „umzudrehen" und dazu zu bewegen, nach Polen zurückzukehren. Doch Djangos „Kranich-Einheit" blieb hart. Sie verhinderten die Überredungsversuche der Besatzungsmitglieder. Für LOT-Flugzeug und -Passagiere bedeutete der Absprung des Navigators in den Westen fünf Stunden Wartezeit. Erst als ein Ersatznavigator gefunden war, konnte die Maschine Richtung Warschau abheben.

KEIN VISUM & KEINE INVESTITIONEN

Der Manager eines großen Papierkonzerns aus Südafrika reiste nach Wien, um eine österreichische Niederlassung aufzubauen. Das Büro sollte mit 60 Mitarbeitern besetzt werden und das Unternehmen plante große Investitionen. Leider geriet der willige Wohltäter Österreichs an einen Beamten, dem die Vorschriften über alles gingen. Er verweigerte dem Manager ein Visum. Das „personifizierte Gesetzbuch" meinte lakonisch zu dem Immigranten: „Bei mir sans ka Manager, i entscheid, wer einreist, sie müssen zurückfliegen." Der Unternehmer nahm das nächste Flugzeug nach Johannesburg und sonst noch so einiges mit nach Hause. Das geplante Wien-Projekt des Konzerns wurde gestoppt, die Investitionen im Ausland getätigt und das Büro nach Brüssel verlegt. Django hätte dem Mann das Visum gegeben und so der Republik Österreich einen großen Dienst erwiesen.

Ähnlich wäre es fast einem Professor aus Ulan-Bator gegangen. Auf Einladung der Firma Siemens sollte er einen wissenschaftlichen Vortrag in Wien halten. Der Professor konnte kein Visum vorweisen und war auf die Kulanz der Beamten angewiesen, um einreisen zu können. Django nahm sich der Sache an und ließ den Wissenschafter nach Überprüfung bei der Firma Siemens passieren. Natürlich verursachte die Vorgangsweise einen Aufstand bei seinen Neidern innerhalb der Polizei. Man munkelte sofort, Rupf wäre von dem Elektronikunternehmen mit einem TV-Gerät bestochen worden.

Schlepper & Verschleierungstaktik

Als Leiter der Einwanderungsbehörde war Django immer wieder mit Dokumentenfälschungen konfrontiert. Getürkte Blankopässe, Visa und Einreisebewilligungen sollten die Illegalen als Touristen oder Geschäftsreisende tarnen. Falsche Reisedokumente, die auf den Schwarzmarkt kamen, waren für die Behörden oft schwer als solche zu erkennen. Besonders bei Chinesen und Afrikanern wurden die Fotos beliebig ausgetauscht. So versuchten Chinesen mit japanischen und Afrikaner mit US-Pässen in Österreich einzureisen, da diese Staatsbürger kein Visum benötigen.
Für die Geschleppten gab es zwei Möglichkeiten der illegalen Einreise nach Österreich: die Grüne Grenze der EU oder den Flughafen Wien. In vielen Fällen waren sie mit Visa für ein Ostblockland ausgestattet und sollten Wien offiziell nur als Transitpassagiere passieren. Um ihre Chance auf eine Aufenthaltsbewilligung in Österreich zu wahren, vernichteten sie vor der Landung ihre Reisedokumente. Da die Behörden selten ihre wahre Staatsangehörigkeit feststellen konnten, war es unmöglich, sie mit dem nächsten Flugzeug in ihre Heimat zurückzuschicken. Die Flüchtlinge suchten um Asyl an. Nach

der Überstellung ins Lager Traiskirchen, wo sich die Menschen frei bewegen konnten und Ausgang hatten, verschwanden die Asylanten meist und tauchten auf Nimmerwiedersehen unter. Oft gab es keine Möglichkeiten, die wahren Absichten der Asylanten rechtzeitig zu erkennen. Kriminelle ließen sich nach Österreich schleppen, tauchten unter und trieben hier munter ihr Unwesen weiter.

KAMBODSCHANER & KÜCHENSKLAVE

Ein internationaler Menschenhändlerring mit Sitz in Bangkok beschäftigte einen kambodschanischen Schlepper. Ihm gelang es, in acht Jahren rund 1.000 Chinesen illegal nach Europa, Japan, Kanada und in die USA zu bringen. Vor dem Transport mussten die Flüchtlinge 100.000 Schilling Anzahlung an die Organisation leisten. Nachdem das menschliche Schmuggelgut am Bestimmungsort ankam, waren die restlichen 400.000 Schilling fällig, die ein Mitglied der Menschenhändlerbande kassierte. Konnten die frisch gebackenen Auslandschinesen die Summe nicht aufbringen, wanderten sie als Küchensklaven in Chinarestaurants. Der Kambodschaner erwarb auf diese Weise ein kleines Vermögen. Pro abgeliefertem Chinesen kassierte er 5.000 Schilling. Sein Erfolgsrezept wurde ihm aber kräftig versalzen. Bei dem Versuch, drei Chinesen mit gefälschten Pässen von Singapur via Wien nach Kopenhagen zu schmuggeln, verbrannte er sich die Finger. Django erwischte ihn und setzte ihn auf Wasser und Brot.

TRIADEN & ZIEGEN

Django war hinter einer chinesischen Schlepperbande her. Er observierte mit seinem Team die Geschleppten und deren Abholer. Die Fahnder folgten ihnen und schritten in einer Wiener Wohnung im 2. Stock ein. Dort hielten sich mehrere Chinesen auf. Sie hatten zwar keine Aufenthaltsbewilligung für Österreich, waren aber durch die Umstände in ihrer Heimat nicht abschiebbar. Nach der Festnahme einiger Personen schaute eine ältere Frau aus der Tür der Nachbarwohnung. Sie informierte die Fahnder über die Besorgnis erregenden Vorgänge im Haus: „Gott sei Dank, dass da endlich was geschieht. In dem Haus herrscht ein ständiges Kommen und Gehen und nicht einmal in der Nacht hat man seine Ruh'. Neulich hab' ich ein fürchterliches Geschrei am Gang gehört und wie ich rausschau' seh' ich die Chinesen, wie sie eine Ziege halten, der sie mit einem Küchenbeil den Kopf abgehackt haben. Alles war voller Blut, und wie ich zu denen sag ‚Hallo das geht doch nicht', antwortet mir einer ‚Sei ruhig, sonst liegst gleich neben der Ziege'." Als Django fragte, warum die Frau nicht die Polizei gerufen hatte, meinte sie eingeschüchtert: „Ich muss ja hier leben. Ich würde nie eine Anzeige machen, dafür hab' ich viel zu viel Angst vor den chinesischen Triaden."

Schwerverbrecher & Goldener Westen

Unter dem Terrorregime von Ceaucescu war es der breiten Bevölkerung unmöglich, Rumänien auf legalem Weg zu verlassen. Dies war ihnen schon gar nicht gestattet, wenn es sich bei dem Reiseziel um ein Land jenseits des Eisernen Vorhangs handelte. Trotzdem kamen plötzlich mit jeder Maschine aus Bukarest, die in Wien landete, zahlreiche Rumänen, die in Österreich um Asyl ansuchten. Sie wiesen neue Reisepässe vor. In vielen war der Vermerk zu finden: „Nur gültig für die Ausreise." Es konnte aus gesetzlichen Gründen kein Asylant zurückgeschickt werden, daher ging Django den Hintergründen für diese eigenartigen Asylbewerber nach. Rupf hatte auch bei der Securitate einen Verbindungsmann. Mit ihm nahm er unter strengster Geheimhaltung Kontakt auf. Rupf bat ihn herauszufinden, was es mit den vielen rumänischen Asylanten mit den seltsamen Pässen auf sich hatte. Nach einigen Tagen spielte der Informant Django außergewöhnliche Ergebnisse seiner Nachforschungen auf Umwegen zu. Das rumänische Regime hatte sich entschlossen, die Gefängnisse zu leeren. Die Handlanger des Diktators machten den Schwerverbrechern ein überzeugendes Angebot. Sie konnten entweder die nächsten 20 bis 40 Jahre weiter unter menschenunwürdigen Umständen in den rumänischen Gefängnissen dahinvegetieren oder sie mussten Rumänien verlassen und in den

Goldenen Westen auswandern. Sämtliche Mörder und Räuber wählten begeistert letztere Möglichkeit und setzten sich per Flugzeug nach Wien ab. Django wollte dem Treiben ein Ende setzen und die Einwanderung von kriminellen Elementen in Österreich stoppen. Er informierte den damaligen Bundeskanzler Dr. Bruno Kreisky über die bedenklichen Zustände. Der österreichische „Sonnenkönig" sprach ein Machtwort und beendete die Abschiebung der Kriminellen auf politischem und diplomatischem Weg.

JOURNALISTEN & ANALPHABETEN

Im Rahmen der großen Schlepperwelle wollten Korrespondenten aus verschiedenen Ländern in Österreich einreisen. Sie behaupteten, im Auftrag von diversen Medien Reportagen über Österreich zu schreiben. Die angeblichen Journalisten erregten sofort das Misstrauen der Beamten. Die Männer waren ungepflegt, trugen schmutzige Kleider und wirkten, als ob sie gerade von der Feldarbeit kämen. Den Beweis dafür, dass es sich bei den Immigranten nicht um Medienleute handelte, lieferten die gefälschten Pässe. In dem Ausweis eines „Journalisten" stand in der Berufsspalte „Landarbeiter". Ein Test machte das Puzzle vollständig: Die angeblichen Reporter konnten weder lesen noch schreiben. Die Auswanderer aus Pakistan, Ägypten und der Türkei, die für Ticket und falschen Pass ihre letzten Ersparnisse zusammengekratzt hatten, wurden postwendend in ihre Heimat zurücktransportiert. Für den Rücktransport mussten die Fluglinien aufkommen, mit denen die falschen Journalisten gekommen waren.

TAMILEN & STRIPTEASE

Sieben Tamilen waren aus Bombay via Wien nach Paris unterwegs. Sie hätten bereits in Indien um Asyl in Frankreich ansuchen können oder spätestens bei der Ankunft in Paris. Beide Möglichkeiten nahmen sie nicht wahr. Während des Langstreckenflugs hatten sie sich offensichtlich entschieden, nicht die Stadt der Seine, sondern jene „an der schönen, blauen Donau" als neue Heimat zu wählen. Kurz vor der Ankunft in Wien hatten die Menschen all ihre Papiere vernichtet und suchten in Österreich um Asyl an. Die einzige Frau wurde von ihrem in Frankreich lebenden Mann abgeholt, die Männer brachten die Beamten in den Transitraum des Flughafens. Von dort waren sie auch nicht mehr so leicht wegzubringen. Jedes Mal, wenn sich den Tamilen ein Beamter näherte, zogen sich die Asiaten splitternackt aus und legten sich auf den Boden. Kein Zustand, in dem man sie auf ein Flugzeug zum Rücktransport hätte bringen können. Schließlich hatten die Striptease-Vorführungen der unfreiwilligen Chippendales doch Erfolg. Mit Hilfe der Caritas fand die Polizei eine Lösung, dass die Tamilen in Österreich bleiben konnten.

ADOPTION & AMTSSCHIMMEL

Nicht alle Beamten am Wiener Flughafen hatten so viel Verständnis für menschliche Schicksale wie Alfred Rupf. Ein irisches Ehepaar reiste nach Rumänien, um zwei Kinder zu adoptieren. Von Dublin ging es via Wien nach Bukarest. Dort lernten die zukünftigen Eltern ihre Sprösslinge kennen. Nachdem alle Formalitäten in Rumänien geregelt waren, machte sich das Ehepaar auf den Heimweg. In Dublin trafen sie alle Vorbereitungen für die Ankunft der Kinder. Beim zweiten Bukarest-Flug wollten die beiden nun die Kinder abholen und wählten wieder die Route Bukarest – Wien – Dublin. Leider hatten die Eltern nicht mit einem sturen und unflexiblen Beamten der Grenzkontrolle gerechnet. Die Kinder hatten noch keine Pässe und konnten daher auch keine Visa haben. Deshalb ließ der Beamte die Familie nicht einmal den Transitbereich des Flughafens betreten. Sie waren gezwungen, die nächste Maschine zurück nach Bukarest zu nehmen und eine andere Flugverbindung zu wählen. Umweg und Umbuchen über Zürich kosteten fast 20.000 Schilling. Insgesamt war das Ehepaar mit den Kindern 20 Stunden unterwegs. Das Pech der Familie: Django wurde von dieser Sache nicht unterrichtet. Als er von der Sache erfuhr, erklärte er dem Beamten eindringlich, dass das Verhalten der Grenzkontroller Aushängeschild unseres Landes ist und dass er seinen Frust zukünftig nicht an schuldlosen Reisenden auslassen solle.

Zehentmayr/KURIER

Neben der heimischen Kriminalität widmete sich Django vor allem Menschenhandel und Suchtgiftschmuggel.

2
3
4
5
6
7
8
9

VON OSTFLÜCHTLINGEN ZU TERRORISTEN

11. KAPITEL:

Flugzeugentführungen und Terrorüberfälle sind Verbrechen, mit denen ein Fahnder am Flughafen rechnen muss. Zum Glück blieb Django dieses Kapitel – bis auf wenige Ausnahmen – erspart. Seine Erfahrungen mit Entführern waren vor allem auf Flüchtlinge aus dem arabischen Raum und aus dem ehemaligen Ostblock beschränkt. Die Entführer zwangen den Piloten stets, eine Destination im Westen anzusteuern. Da Wien, als das Tor zum Osten, am nächsten lag, gab es vor allem Maschinen aus Polen, Rumänien und Bulgarien, die in der Bundeshauptstadt „notlanden" mussten. Mit den achtziger Jahren endeten schlagartig die individuellen Flugzeugentführungen. Auch die internationale Terroristenszene verschwand von der Bildfläche.

Flugzeugkaperungen, die mit der Landung der Maschine in Wien endeten, wurden fast immer von Personen inszeniert, die aus dem Ostblock in den „Goldenen Westen" flüchten wollten. Obwohl es sich bei den Hijackern hauptsächlich um Amateure handelte, waren die Versuche, die Täter zur Aufgabe zu bewegen, nicht ungefährlich für Geiseln und Polizei. Die Entführer waren meist sehr nervös und hatten Angst. Schließlich würden sie durch ein Scheitern ihrer Mission in ihre Heimat zurückkehren müssen. Dort erwarteten die Täter dann hohe Gefängnisstrafen und vielleicht sogar der Tod. Die Männer wussten, dass eine gelandete Maschine, die abseits, am freien Feld, in der Dunkelheit geparkt wurde, die besten Chancen für das Stürmen des Flugzeugs durch die Polizei bot. Daher war die Gefahr groß, dass die Täter in dieser Situation die Nerven verloren und die Geiseln töteten. Die größte Angst der Entführer war, dass der Kapitän ein anderes Ziel als das geforderte anfliegen würde. Viele drohten nicht nur damit, einzelne Geiseln zu töten, sondern auch die Maschine und ihre Insassen zu sprengen.

Besonderes Glück hatten zwei Mädchen, die in Rom ins Flugzeug einsteigen wollten, bei einer echten Bombenaktion. Die beiden hatten von einem Mann ein Radio geschenkt bekommen und in ihrer Unerfahrenheit nichts dabei gefunden. Doch bei der Sicherheitskontrolle schlugen die

Sensoren Alarm. Das Radio enthielt einen Sprengsatz. Der Terrorist wollte mit Hilfe der unschuldigen Mädchen die Maschine mit Zeitzünder sprengen.

BOMBENDROHER & WITZBOLDE

Abgesehen von Flugzeugentführern gab es immer wieder „normale" Bombendrohungen. Sie sind nicht nur dann problematisch, wenn sie der Wahrheit entsprechen. Jeder Hinweis dieser Art hat die Rücklandung der Maschine zur Folge. Danach müssen das Gepäck, das Handgepäck in der Maschine und alle Passagiere gecheckt und durchsucht werden. Diese Prozedur dauert Stunden und die Fluggäste kommen in Termindruck oder verpassen ihre Anschlussflüge. Wer sich derart dumme Scherze erlaubt und Bombendrohungen erfindet, kann aber meist ausgeforscht werden.

Vor allem Witzbolde, die von zu Hause aus am Flughafen anrufen und eine versteckte Bombe melden, können aufgespürt werden. Der Anruf wird von der Polizei zurückverfolgt und der Bombendroher darf sich nicht wundern, wenn bald danach die Beamten vor der Tür stehen. Das Beste, das der Ertappte in der Situation tun kann, ist, den Ermittlern die Geschichte der erfundenen Bombendrohung zu gestehen.

Rumänen & Schwarzpulverbombe

Django hatte mit sieben oder acht Flugzeugentführungen zu tun. Nur eine Maschine wurde aus Wien von Terroristen entführt. In den anderen Fällen dirigierten die Hijacker die Flugzeuge aus dem Ostblock nach Wien. Oft war es bei den Verhandlungen der Polizei schwierig, den Tätern glaubhaft zu machen, dass sie sich bereits im Westen befanden. Die Angst der Entführer, noch im Osten zu sein, führte zu gefährlichen Situationen.

Sechs Rumänen brachten ein Flugzeug der rumänischen Fluglinie TAROM auf dem Weg von Bukarest über Oradea nach Wien in ihre Gewalt Die Männer waren schwer bewaffnet. Gewehre, Pistolen und eine selbst gebaute Schwarzpulverbombe umfasste ihr Waffenarsenal. Nach der Landung in Wien forderten die Männer ein anderes Flugzeug, um nach München weiterzufliegen. Nach langwierigen Verhandlungen mit den Behörden gaben die Männer aber auf und wurden verhaftet, noch bevor sie die gefährliche Schwarzpulverbombe zünden konnten.

Handgranate & Brotlaberl

Ein Pole machte Urlaub am Schwarzen Meer und flog mit der bulgarischen Fluglinie nach Hause. Um nicht mehr nach Polen zurückzumüssen, drohte er, in der Maschine eine Handgranate zur Explosion zu bringen. Seine Forderung war die Landung des Flugzeugs in Wien. Nachdem das Django-Team es geschafft hatte, den Entführer zur Aufgabe zu bewegen, wurde ein Spezialistenteam zur Untersuchung des Sprengkörpers angefordert. Im Zuge der Tests fiel die Handgranate zu Boden und einer der Profis stieg auch noch drauf. Traurig wie ein flaches, angebranntes Fleischlaberl lag der angeblich hochexplosive Gegenstand da. Der Pole hatte sie aus Brot gebastelt und mit Schuhcreme geschwärzt. Die Fahnder mussten den Brotmatsch wieder zu einer Handgranate formen, um sie bei Gericht als Beweismittel präsentieren zu können.

FLUCHTAUTO & EIFRIGER HOFRAT

Zwei Syrer wurden in ihr Heimatland abgeschoben. Die deutschen Behörden ließen die Männer mit einer Maschine der Lufthansa ausfliegen. Bewaffnet mit einem Messer und einer Glasscherbe brachten die Araber die Maschine in ihre Gewalt. Sie wollten unter keinen Umständen in ihre Heimat zurück und zwangen den Piloten, Wien anzufliegen. Als das Flugzeug dort gelandet war, verlangten die Täter einen Fluchtwagen, um untertauchen zu können. Alfred Rupf tarnte sich als Journalist, um in die Nähe der Maschine zu kommen und die Entführer zur Aufgabe zu bewegen. Leider hatte einer der übereifrigen Schreibtisch-Hofräte eine andere Vorstellung zur

Lösung des Falles. Er verhandelte umständlich mit den Männern und sicherte ihnen den Wagen zu, obwohl die Flugzeugentführer bereits alle Passagiere und die Besatzung freigelassen hatten. Doch Djangos Vorgehen blieb von dieser Aktion unbeeinflusst. Er hatte das Verhalten der Entführer beobachtet und festgestellt, dass die Männer keine professionellen Terroristen waren. Djangos Überzeugungsarbeit bewegte die Syrer schließlich doch zur Aufgabe.

POLNISCHER TISCHLER & VERLETZTER STEWARD

Der Notruf einer Jumbojet-Besatzung brachte die Terrorspezialisten der Flughafenpolizei auf den Plan. Die Maschine war aus Australien via Dubai gekommen und sollte in Zürich landen. Mit an Bord befand sich der ältere, schmächtige Australier Stanislaw K., geboren in Polen. Der unscheinbare Mann war in Adelaide als Tischler tätig und wollte per Flugzeug seine Heimatstadt Warschau besuchen. Bei der Zwischenlandung in Dubai hatte ihm offenbar die Hitze zu schaffen gemacht, worauf er einige Biere „zischte". Nach dem Start Richtung Zürich begann sich der Mann plötzlich seltsam zu gebärden. Er schilderte wirre Kriegserlebnisse und bezichtigte die Passagiere in seiner Umgebung, ihm nach dem Leben zu trachten. Um die Ruhe wieder herzustellen, führte ein Steward den Mann in die 1. Klasse, wo er ihm einen

Einzelsitz zuwies. Als der Flugbegleiter dem – wie im Fieberwahn – fantasierenden Mann ein Getränk zur Beruhigung brachte, drehte dieser durch und behauptete, die Flüssigkeit wäre vergiftet.

Plötzlich zückte der Pole ein rasierklingenähnliches Messer und fügte dem Steward eine tiefe Schnittwunde vom Jochbein bis zum Kinn zu. Die Crew überwältigte den Täter sofort und fesselte ihn. Als die Maschine in Wien notlandete, brachte die Rettung den Verletzten ins Spital, und Rupf nahm sich den offenbar verwirrten Attentäter vor. Im Verhör wirkte der Mann wieder relativ normal. Er begründete seine Tat damit, dass er sich hatte „befreien" wollen. Danach endete die Reise für den Tischler im psychiatrischen Landeskrankenhaus in Klosterneuburg. Polizei und Staatsanwaltschaft arbeiteten zügig und der Jumbo wurde zwei Stunden nach der Zwischenlandung freigegeben. Trotzdem hatten die etwa 400 Passagiere noch eine Wartezeit von vier Stunden im Schwechater Sondertransitraum vor sich. Bei der Landung in Wien hatte die Maschine einen Reifenplatzer gehabt.

AUA-ENTFÜHRUNG & TRITT FÜR HIJACKER

Alarmstufe Rot hieß es für Django und Co., als die Entführung einer AUA-Maschine gemeldet wurde. Planmäßig war die „Bregenz" in Berlin-Tegel um 11.38 Uhr gestartet. Einige

Minuten nach dem Abheben war es mit dem Flugfrieden vorbei. Einem Bosnier, der in Deutschland lebte, drohte die Abschiebung in sein Heimatland. Er bedrohte den Piloten mit einem Messer und einem Stock und zwang ihn, nach Berlin zurückzukehren. Der Mann wollte mit der Entführung des Flugzeugs seine Aufenthaltsgenehmigung in Deutschland verlängern. Nachdem die Maschine mit den 28 verängstigten Passagieren wieder in Tegel gelandet war, dirigierten sie die Sicherheitskräfte in einen Hangar. Als die Flugzeugtüre geöffnet wurde, entschloss sich ein beherzter Passagier zu handeln. Er gab dem Entführer einen Tritt, worauf dieser fünf Meter in die Tiefe fiel. Dort warteten bereits die Mitglieder einer Antiterroreinheit auf den Bosnier. Es war ein Leichtes, den vom Sturz benommenen Mann zu überwältigen. Am Nachmittag flog eine AUA-Ersatzcrew die zwar geschockten, aber gesunden Passagiere im zweiten Versuch an diesem Tag ohne weitere Störungen nach Wien.

RASIERMESSER & KEIN ASYL

Der Kapitän einer Maschine der bulgarischen Balkan Air setzte einen Hilferuf auf der internationalen Notfrequenz ab: An Bord sei es zu einer Geiselnahme gekommen. Das Flugzeug befinde sich mit 70 Passagieren auf dem Weg vom Schwarzen Meer nach Warschau derzeit im Luftraum Belgrad. Er, der Pilot, erbitte Sonderlandeerlaubnis in Wien-Schwechat.

Diese wurde gewährt und Polizei, Gendarmerie und die Terroreinsatzgruppe „Kranich" gingen am Flughafen in Stellung. Die Maschine der Balkan Air landete, rollte zum Kontrollturm, aber die Türen blieben geschlossen. Django kletterte auf eine Gangway und kundschaftete durch eines der Fenster die Lage im Inneren des Flugzeugs aus. Zwischen den Reihen mit eingeschüchterten Passagieren stand ein blonder Mann und hielt mit einem Arm eine Stewardess umklammert. Mit der anderen Hand drückte er dem Mädchen ein Rasiermesser an die Kehle. Die Geisel hatte eine fünf Zentimeter lange Wunde am Hals, die stark blutete. Die Frau war vor Todesangst wie erstarrt. Rupf gab dem Attentäter durch Handzeichen zu verstehen, dass er herauskommen solle.

Der Geiselnehmer drängte die Stewardess Richtung Ausstieg und betrat mit der Geisel die Gangway. Als er jedoch die schwer bewaffneten Polizisten sah, hob er die Hände und ließ das Mädchen los. Die verletzte Bulgarin wurde ärztlich versorgt. Die Polizisten nahmen dem Täter das blutverschmierte Messer ab und verhörten ihn. Der Pole hatte mit der Flugzeugentführung in den Westen zu flüchten versucht und wollte in Österreich um politisches Asyl ansuchen. Nach der Überprüfung durch die Staatsanwaltschaft stellte sich heraus, dass der Mann ein bereits in Polen vorbestrafter Krimineller war, dem die Republik Österreich keine Einreise gestattete.

ELAL-MASSAKER & DREI TOTE

Vielen Österreichern wird das Terroristen-Massaker auf dem Flughafen Wien am 27. Dezember 1985 noch in Erinnerung sein. Drei schwer bewaffnete arabische Terroristen stürmten über die östliche Treppe vom Erdgeschoß in die Abflughalle und richteten vor dem Schalter der israelischen Fluglinie ein Blutbad an. Sie warfen Handgranaten in die Menge und schossen mit Maschinenpistolen wild um sich. Die Antiterrorgruppe „Kranich", Kriminalbeamte und Sicherheitsleute der ELAL erwiderten sofort das Feuer. Die Täter flüchteten über die gleiche Treppe, über die sie gekommen waren. Nachdem sie sich den Fluchtweg freigeschossen hatten, sprangen sie in einen fremden Mercedes und rasten mit dem gestohlenen Auto Richtung Schwadorf. Die Sicherheitskräfte, die den Terroristen gefolgt waren, konnten sie schließlich stellen. Zwei wurden verhaftet, einer erschossen. Traurige Bilanz des blutigen Überfalls: ein toter Wiener, ein toter Israeli, ein toter Terrorist und 47 zum Teil schwer Verletzte.

AIR-FRANCE-ENTFÜHRUNG & ENDE IN TEHERAN

Rupf erlebte nur eine Flugzeugentführung, bei der die Maschine von Wien aus startete. Die Air France „AF 781" hatte 103 Passagiere an Bord. Sie hob am 27. August 1983 um

13.45 Uhr in Wien ab, um nach Paris zu fliegen. Kurz nach dem Start wurde der Pilot von vier bewaffneten Terroristen zur Landung in Genf gezwungen. Die Männer wollten die Maschine nach Libyen dirigieren, doch der Flughafen in Tripolis erteilte keine Landeerlaubnis. Nach weiteren Zurückweisungen in Sofia und Athen, musste die Air France in Catania in Sizilien auftanken. Am nächsten Tag befahlen die Entführer den Weiterflug nach Damaskus. Dort konnte die Maschine zwar landen, doch niemand durfte das Flugzeug verlassen. Drei Tage verbrachten Passagiere, Besatzung und Entführer in der Maschine, dann ging der Irrflug weiter nach Teheran. In der iranischen Hauptstadt war der lange Leidensweg der Geiseln zu Ende. Nach sechs Tagen wurden sie endlich freigelassen. Die Behörden in Teheran weigerten sich, die Entführer zu verhaften. Sie hüllten sich auch in Schweigen, was Hintergründe und Details des unblutigen Endes der Entführung betraf.

Die Nachforschungen auf dem Flughafen in Wien ergaben, dass die Terroristen die Entführung bereits eine Woche früher durchführen wollten. Sie waren auf der gleichen Maschine gebucht, traten aber in letzter Minute vom Flug zurück. Wahrscheinlich hatte die Übergabe der Waffen an die Entführer nicht geklappt. Sieben Tage später wurden die Waffen dann auf einer Toilette nach der Sicherheitskontrolle offenbar erfolgreich an die Terroristen übergeben. Ein Crewmitglied oder ein als Crewmitglied getarnter Geheimdienstmann aus dem arabischen Raum hatte die Männer mit den Waffen versorgt. Dieses Detail konnte von der Flughafenpolizei deshalb geklärt werden, weil damals Crewmitglieder vom Vorfeld aus den Bereich des Flughafengebäudes betreten konnten. Seit der Entführung der Air France müssen Flugzeugbesatzungen, ebenso wie Passagiere, die Sicherheitskontrolle passieren.

Flugzeugentführungen bei denen Django mit den Hijackern verhandelte, hatten für Passagiere und Crew meist ein Happy End.

Rupf erlebte bange Minuten und Stunden am Flughafen Wien, wenn Menschenleben bei Geiselnahmen und Anschlägen in Gefahr waren.

12. KAPITEL:

VON FLUGZEUGUNFÄLLEN ZU ABSTÜRZEN

Flugzeugkatastrophen werden durch den stärkeren Flugverkehr immer wahrscheinlicher. Während Alfred Rupfs 35 Dienstjahren am Flughafen waren derartige Zwischenfälle noch seltener, doch alle heiligen Zeiten passierten auch Unglücksfälle mit mehr oder weniger schlimmen Schäden. Ein Ereignis wird dem Fahnder aber sicher in Erinnerung bleiben: Der schreckliche Absturz der Lauda-Air-Maschine „Mozart" in der Nähe von Bangkok. Rupf wurde damals von Innenminister Löschnak nach Thailand geschickt, um die Untersuchungen und die Identifizierung der toten Österreicher voranzutreiben.

Blitzanschlag & Emmentalerlöcher

Gewitter gehören seit dem Beginn der Geschichte der Luftfahrt zu den Naturereignissen, denen Flugzeuge ausgesetzt sein können: Unangenehm wird die Situation, wenn sich die Maschine mitten auf der Strecke befindet und weit und breit keine Möglichkeit für eine Notlandung besteht. In solchen Extremsituationen kann der Pilot, außer mit geschickten Manövern, nur noch beten und versuchen, das Flugzeug heil zum Zielflughafen zu bringen. Während eines Fluges von Rom nach Wien entlud sich in der unmittelbaren Umgebung der Maschine ein starkes Unwetter. Der Pilot versuchte ständig den Blitzen auszuweichen, doch einer traf das Flugzeug doch. Als der Kapitän alle Funktionen überprüfte, stellte er fest, dass es keine Systemausfälle gab. Er dankte innerlich den vielen Schutzengeln, die wohl ihre Hände über die Boeing gehalten hatten und landete sicher in Wien-Schwechat. Als das Flugzeug anschließend sofort auf Schäden gecheckt wurde, fand man in der Außenhaut des Stahlvogels lediglich einige „Emmentalerlöcher".

Leerer Tank & grüne Wiese

Rollbahnverfehlungen können ebenfalls verheerende Unfälle verursachen. Kurz vor der Landung auf dem Wiener Flughafen,

stellte der Pilot fest, dass er nicht mehr genug Treibstoff hatte, um die Maschine sicher auf die vorgesehene Landebahn zu manövrieren. Er gab seine Notsituation per Funk durch und informierte den Tower, dass er versuchen würde, auf einer der nahen Wiesen zu landen. Mit Hilfe seiner Flugerfahrung gelang es ihm tatsächlich, den Vogel auf dem Rasenstück zum Stehen zu bringen. Hätte er dieses Kunststück nicht zu Wege gebracht, wäre er vermutlich voller Power in das benachbarte Wohngebiet oder das Propangaswerk gedonnert.
Das Flugzeug hatte bei der Notlandung einige Schäden abbekommen. Vor allem das Fahrwerk wurde vollständig zertrümmert. Viel Glück hatten dagegen Besatzung und Passagiere. Trotz des nicht gerade sanften Aufsetzens und Abbremsens des Flugzeugs wurde niemand verletzt. Erst als die Passagiere dann aber über die steilen Notrutschen aus der beschädigten Maschine aussteigen mussten, trug der eine oder andere ein paar blaue Flecken davon.

FLUGZEUG-CRASH & TODESFOLGE

Einen schrecklichen Unfall mit tödlichem Ausgang gab es in Djangos Karriere auch. Seit vielen Jahren hatte ein älterer Pilot seine kleine Sportmaschine auf dem Wiener Flughafen eingestellt. Regelmäßig zog er mit seinem Privatflugzeug seine Kreise am Himmel. So wie immer startete der betagte Kapitän auch am Unglückstag seinen kleinen Vogel, um seinem Hobby zu frönen. Unglücklicherweise kam er dabei einem anderen, ungleich größeren Flugzeug in die Quere. Einer Verkehrsmaschine der Swissair konnte er nicht mehr ausweichen. Er raste mit der Sportmaschine bei höchster Geschwindigkeit in das rollende Großraumflugzeug. Sein Fluggerät explodierte und er wurde dabei getötet. Da bei diesem Unfall ein Mensch ums Leben gekommen war, musste Rupf die Vorgänge untersuchen. Nach genauer Spurensicherung am Unglücksort stellte er fest, dass der Mann durch eigenes menschliches Versagen und nicht durch eine Fehlleistung des Towers tödlich verunglückte.

LAUDA AIR & TODESABSTURZ

Alfred Rupf verfolgte am 27. Mai 1991 – schon im Bett liegend – die 23.00-Uhr-Nachrichten. Der ORF meldete den Absturz eines Flugzeugs einer österreichischen Airline bei Bangkok. Rupf wusste sofort, dass es sich bei der verunglückten Maschine um die „Mozart" der Lauda Air handeln musste, denn vor einigen Wochen war auch er mit der gleichen Maschine von Bangkok nach Wien gestartet. Zuerst dachte er nicht ernsthaft daran, dass er und seine Abteilung in den Unglücksfall involviert würden. Doch bereits 30 Minuten später klingelte das Telefon. Seine Dienststelle informierte ihn darüber, dass schon Angehörige von Passagieren der Lauda Air am Flughafen eingetroffen seien, die nähere Umstände über den Absturz erfahren wollten. Außerdem hatte sich ein Zeuge gemeldet, der möglicherweise einen wichtigen Hinweis zur Klärung der Absturzursache geben konnte. Kurz zusammengefasst lautete der Tenor des Anrufs: Django wird gebraucht. Rupf traf etwa um Mitternacht am Flughafen ein und überprüfte sofort den eingegangenen Hinweis. Der Informant hatte bemerkt, dass die Maschine der Lauda Air in Bangkok neben der von United Airlines beladen worden war. Das Gepäck wurde über das gleiche Förderband in die Flugzeuge transportiert. Auf diese Weise hätte ein Bombenkoffer, der für United bestimmt war, in die „Mozart" der Lauda Air gelangen können.

Um 4.00 Uhr Früh verlangte Innenminister Löschnak von Alfred Rupf einen Bericht über den Stand der Dinge. In diesem Gespräch erklärte er dem Fahnder, dass die ganze Welt nach diesem Unglück eine Untersuchung der Österreicher in Bangkok erwarte. Django hatte bereits Abstürze von Kleinflugzeugen untersucht und die entsprechenden Schulungen im Ausland erhalten. Außerdem unterhielt er gute Beziehungen zu CIA-Leuten und deutschen Drogenfahndern in Bangkok. Gründe genug für den Innenminister, ihn und zwei Kollegen mit der nächsten Maschine nach Bangkok zu schicken. Rupf informierte seine Verbindungsleute in Bangkok, die sich um ein Quartier und eine Besichtigung der Absturzstelle kümmern sollten, ohne dass die zahlreichen Pressevertreter aus aller Welt anwesend wären. Dann gingen die drei Männer ohne Gepäck und Reisevorbereitungen an Bord einer Maschine der KLM und flogen via Amsterdam nach Bangkok. Niki Lauda, der sich ebenfalls an Bord des Flugzeugs befand, ersuchte Rupf um ein Gespräch. Der Mann, der selten Emotionen zeigt, war gebrochen und am Ende seiner Kräfte. Rupf gegenüber betonte er: „Wenn Lauda Air daran irgendein Verschulden trifft, dann höre ich mit der Fliegerei auf." Gegen 5.00 Uhr Ortszeit landete die Maschine in Bangkok und die drei Fahnder wurden von den amerikanischen und deutschen Freunden bereits erwartet. Die Männer hatten einen etwas desolaten Militärhubschrauber organisiert, dessen Türen sich nicht schließen ließen. Djangos Bedenken wurden mit einem beruhigenden „Dafür habt ihr den besten Piloten" abgetan. Als sie Dschungel und Absturzstelle überflogen, ahnte Django, dass die Ursache des Unglücks kein Bombenanschlag gewesen sein konnte. Er hatte zahlreiche Bilder von Maschinen gesehen, die durch eine Bombenexplosion abgestürzt waren. Rupf vermutete zu diesem Zeitpunkt einen technischen Fehler oder ein Versagen der Piloten. Die zweite Möglichkeit sah er in einem Abschuss des Flugzeugs, denn es fehlte eine Tragfläche. Diese wurde später hinter einer Bergkuppe gefunden. Sie war abgerissen, über die Kuppe gesegelt und den Hang hinuntergerutscht. Die Ermittler landeten in der Nähe des Absturzortes, an dem sich den Beamten ein Bild des Grauens bot. Neben dem Leichengeruch mussten sie überdimensionale Tausendfüßler ertragen, die die Größe von Frankfurter Würstchen erreichten. Das dornige Gestrüpp zerfetzte in Minutenschnelle die Kleider der Männer, die sich in Wien nicht mehr umziehen konnten und in Anzug und Halbschuhen den Dschungel durchstreiften. Alles, was den 213 Passagieren und den zehn Crewmitgliedern gehört hatte und brauchbar schien, war nach dem Unglück von Hunderten von armen Thais eingesammelt worden. Zwar konnte vieles wieder sichergestellt werden, doch die Gegenstände waren später nicht mehr zuzuordnen und halfen nicht bei der Identifizierung der Leichen. Während die Fahnder den Absturzort besichtigten, zog ein Gewitter auf und der Pilot drängte zum Aufbruch. Der Hubschrauber startete Richtung Bangkok, hatte aber zu wenig Treibstoff und landete mitten auf der Strecke. Per Funk forderte der Pilot Sprit an und tatsächlich näherte sich nach längerem Warten ein Jeep mit einigen Kanistern. Der Fahrer führte aber keinen Trichter mit sich. Er leerte die hochexplosive Flüssigkeit freihändig in den Tank, sodass sich unter dem Helikopter eine große Benzinlache ausbreitete. Scheinbar hatten die Ermittler neben dem besten Piloten auch einen aufmerksamen Schutzengel, denn der Hubschrauber explodierte beim Start nicht und sie kamen wohlbehalten in die Stadt zurück.

Die Leichen der Passagiere wurden zum gerichtsmedizinischen Institut von Bangkok gebracht. Da täglich durchschnittlich 80 Tote eingeliefert wurden, war für die 223 Absturz-

Todesopfer kaum Platz mehr. Die menschlichen Überreste der Passagiere wurden einfach ins Freie vor das Gebäude gelegt. Der Verwesungsgeruch, der sich bei der thailändischen Hitze blitzschnell entwickelte, verpestete die Luft im Umkreis von mindestens einem halben Kilometer. Rupf war der Ansicht, dass nach dem momentanen Stand der Dinge kein einziges Opfer identifiziert werden könnte. Er verständigte den Innenminister und schlug ihm vor, entweder die deutsche Identifizierungskommission IDKO oder die amerikanische Desaster Group in die Ermittlungsarbeit einzubeziehen. Beide Gruppen bestehen aus je 70 Personen, wovon immer 35 für dringende Untersuchungen zur Verfügung stehen. Außerdem sind sie mit modernster Technik ausgerüstet. Den Einheiten gehören auch Experten wie Chemiker, Mediziner und Kriminalisten an. Innenminister Löschnak sprach darüber mit Bundeskanzler Vranitzky und dieser mit dem deutschen Amtskollegen Helmut Kohl. Die Genehmigung des Einsatzes der deutschen Identifizierungskommission erfolgte umgehend und nach 24 Stunden befand sich das IDKO-Team mitsamt der Ausrüstung in Bangkok. Parallel dazu führte Rupf mit seinen Kollegen die Ermittlungen der Absturzursache weiter.

Die Polizisten untersuchten verschiedene Indizien, die auf die Ursache hinweisen hätten können. Eine Lauda-Stewardess, die kurz vor dem Abflug der Unglücksmaschine mit einer Kollegin den Dienst getauscht hatte, erinnerte sich an eine seltsame pinkfarbene Torte, die an Bord gebracht wurde. Das Backwerk stellte sich als harmlos heraus. Es war als Überraschung für ein Mitglied der königlichen thailändischen Familie gedacht gewesen, das sich im Flugzeug befunden hatte. Auch ein ehemaliger Mitarbeiter der Lauda Air wurde vernommen, der bei seiner Entlassung mit Rache gedroht hatte. Eine Verwicklung in das Unglück konnte ihm nicht nachgewiesen werden. Es gab auch Spekulationen über Anschläge der Drogenmafia, denn an Bord der Mozart hatten sich ein Drogenbeauftragter der UNO und ein Gouverneur, der für die Drogenhochburg des „Goldenen Dreiecks" zuständig war, befunden.

Sämtliche Vermutungen erwiesen sich als falsch und Djangos erster Gedanke des technischen Versagens stellte sich nach Auswertung des Flugschreibers und der Blackbox als tatsächliche Ursache heraus. Um 23.17 Uhr war die Maschine vom Radarschirm verschwunden. In 8.000 Meter Höhe war dann plötzlich das rechte Triebwerk explodiert. Die Piloten, die das sofort bemerkten, leiteten einen steilen Sinkflug ein, denn sie wollten die Maschine wahrscheinlich notlanden oder sie in geringer Höhe zum Flughafen Bangkok zurückbringen. Es war aber alles viel zu schnell gegangen, um das Flugzeug und die Insassen zu retten.

Während die Wiener ermittelten, führte die IDKO ihre Untersuchungen durch. Obwohl es damals noch keine DNA-Analyse gab, konnten die Spezialisten mit der Überprüfung von Fingerabdrücken und Gebissen fast alle toten Passagiere identifizieren. Die Arbeit verlangte den Ermittlern fast übermenschliche Kräfte ab und die Anstrengungen körperlicher wie psychischer Art gingen an die Grenzen des Erträglichen.

Am Ende eines langen und hektischen Tages schlenderte Rupf mit einem Kollegen über einen der vielen Nachtmärkte in Bangkok. Auf diesem asiatischen Naschmarkt verspürten sie plötzlich unbändigen Hunger. Die Arbeit hatte ihnen untertags keine Möglichkeit für eine Essenspause erlaubt. Der köstliche Grillgeruch zog die Männer magisch an und sie sahen bereits Fleischspieße vor ihrem geistigen Auge. Als sie das Grillgut näher betrachteten, verzichteten sie auf diesen Mitternachtsimbiss. Die Thailänder waren gerade dabei, auf Holzstäbe gespießte Kröten zuzubereiten. Rupf und Co. zogen dieser fernöstlichen Spezialität eine einfache Schale Reis vor.

Rupfs erste Vermutungen, wonach ein technisches Versagen das Unglück ausgelöst hatte, wurden schlussendlich auch offiziell bestätigt. Die aufwendigen Untersuchungen seitens Boeing ergaben, dass sich unplanmäßig die Schubumkehr eingeschaltet hatte, jene „Motorbremse", die nach der Landung für ein schnelles Abbremsen der Riesenmaschinen sorgt. Auf Grund des Lauda-Absturzes wurden sämtliche Boeing-Maschinen weltweit überprüft. Bis heute ist ein Versagen der Schubumkehr bisher nicht mehr aufgetreten.

Die Katastrophe rund um den Absturz der Lauda Air bei Bangkok wurde von Alfred Rupf vor Ort untersucht.

13. KAPITEL:

VOM DALAI-LAMA ZUM GOLDEN GIRL

Unter den Tausenden Menschen, die in Wien ein- oder ausreisten und mit Django zu tun hatten, waren natürlich auch eine Menge berühmter Leute. Die meisten von ihnen wurden – wie der Papst, Staatschef Gaddafi oder der Dalai-Lama – von Alfred Rupf zum VIP-Center begleitet, beschützt oder mit einer speziellen Eskorte Richtung Wien gefahren. Allerdings hatte er auch mit prominenten Personen zu tun, die kleinere oder größere Verfehlungen begangen hatten. Das bekannteste Beispiel für die Verhaftung eines Prominenten durch Django ist sicher jene von Udo Proksch. Auch Rupfs gesellschaftliches Leben spielte sich häufig im Kreise von VIPs ab. Ein Umstand, der dem ohnehin stark Beneideten nicht gerade Freunde bescherte.

GASTSPIEL & STOFF

Nach einem Konzert des musikalischen Enfant terrible Boy George in Wien ließ der Popstar nicht nur unvergessliche Eindrücke bei seinen Fans zurück, sondern auch zwei Mitglieder seiner Band. Kurz bevor Boy George und seine Mannen per Flugzeug die Bundeshauptstadt verlassen wollten, erhielt Django einen Anruf: „In der Truppe des Popstars wird Stoff geschmuggelt", berichtete ein Informant. Als die Band kurze Zeit später den Flughafen erreichte, schlugen die Fahnder zu. Das Gepäck war bereits eingecheckt, als Django die sieben Personen am Betreten der Maschine nach Budapest hinderte. Alle wurden durchsucht und die Beamten wurden fündig.

Beim österreichischen Pressebetreuer des Stars, Peter H., fanden die Polizisten drei Briefchen Kokain, die er kurz zuvor von einem anderen Mitglied der Truppe, von Hanna N., gekauft hatte. Auch das Mädchen hatte drei Briefchen Schnee bei sich. Sie verriet den Ermittlern den Namen ihres Lieferanten. Der Kellner Karl S. wurde von den Beamten in seiner Wohnung erwischt, als er gerade Kokain mit Milchzucker streckte. Zufällig besuchten zwei weitere Kokser den Kellner, die wie der Pressemann angezeigt wurden. N. und S. landeten in der Untersuchungshaft. Peter H. sagte im Verhör: „Ich habe gegen das 11. Gebot verstoßen. Es lautet: Du sollst nicht blöd sein."

Django und seine Mannen fahndeten nach 15 Kilogramm Kokain. Im Rahmen dieses Großeinsatzes überwachten sie verschiedene Telefone über sehr lange Zeit. Das Ergebnis war eher enttäuschend. Nicht die gesuchten Dealer und Hintermänner saßen am anderen Ende der Telefonleitungen, sondern nur – für die Drogenfahnder uninteressante – Koks-Konsumenten. Unter anderem war auch der ehemalige Gipsy-Barde Tony Wegas unter den Schnupfern. Bei einer Lagebesprechung mit den Leuten des Sicherheitsbüros, die ebenfalls hinter großen Mengen Stoff her waren, wurden die Aktivitäten der beiden Gruppen abgestimmt. So konnten sie sich bei der Arbeit nicht gegenseitig in die Quere kommen. Rupf legte seine Ergebnisse auf den Tisch, die auch die Fakten über Wegas enthielten. Auf der Roßauer Lände wurde man hellhörig. Wer nicht aus den Berufsgruppen Polizei, Journalismus oder Unterwelt kommt und nicht zu den Anhängern des legendären „Kottan" gehört, weiß vielleicht nicht, dass dort das Wiener Sicherheitsbüro beheimatet ist. Auch die Polizisten von der Roßauer Lände hatten über den Umgang des Sängers mit Drogen Verschiedenes herausgefunden. Nach einer längeren Diskussion entschlossen sich die beiden Trupps, im Fall „Wegas" gemeinsame Sache zu machen.

Django erfuhr kurze Zeit später durch die Medien, dass Tony Wegas verhaftet worden war. Es machte sich mittelgroßes

Erstaunen bei ihm breit. Angeblich hatten die Jungs vom Sicherheitsbüro per Aktenvermerk einen anonymen Hinweis erhalten, dass Wegas eine große Kokainlieferung erwartete. Um keine Zeit zu verlieren, waren sie ohne die Rupf-Truppe eingeschritten. Der Ärger war nicht besonders groß, denn das Django-Team hatte mit mehr als 100 Hausdurchsuchungen und Haftbefehlen in dieser Kokainaffäre ohnehin ein umfangreiches Arbeitspensum zu bewältigen. Rupf legte die Causa „Wegas" praktisch und gedanklich ad acta. Er ahnte zu diesem Zeitpunkt noch nicht, dass der Fall sein Leben bald mehr beeinflussen würde, als ihm lieb war.

An einem der wenigen freien Abende saß Österreichs Starermittler im „Patschenkino" und gab sich „Niederösterreich heute". Mit der abendlichen Ruhe war es allerdings blitzartig vorbei, als er sein eigenes Konterfei erkannte. Der Sprecher bemerkte dazu mit sonorer Stimme: „Gegen den Drogenfahnder Alfred Rupf wird wegen Drogenkonsums ermittelt." Er würde verdächtigt, nach einem Konzert von Tony Wegas in der Türkei mit diesem eine ausgiebige Koksorgie gefeiert zu haben.

Am nächsten Tag rauschte es bereits im Blätterwald der heimischen Presse. Django machte sich sofort daran zu ermitteln, um diesen rufschädigenden Albtraum zu beenden. Alle Sicherheitsbehörden, Staatsanwaltschaften und Gerichte wurden von ihm kontaktiert. Die Nachfrage, ob irgendwo bei den genannten Institutionen eine Anzeige gegen Alfred Rupf eingegangen sei, verlief negativ. Außerdem gab keine Behörde an, gegen ihn wegen Drogenkonsums zu ermitteln. Django wäre nicht Django, hätte er nicht so lange in der Medienszene geforscht, bis wenigstens Teile der Wahrheit ans Licht kamen. Zwei Kriminalbeamte waren angeblich bei Tony Wegas im Gefängnis aufgetaucht und hätten ihm folgenden Vorschlag gemacht. Er sollte Rupf eins auswischen, der ja indirekt für seine Verhaftung verantwortlich sei. Wegas müsse aussagen, er habe vor ein paar Jahren, während eines Auftritts in der Türkei, Alfred Rupf getroffen. Danach hätte der Polizist gemeinsam mit ihm, Wegas, „geschnupft". Da die Sache bereits verjährt wäre, könne Wegas keine Schwierigkeiten bekommen, Django allerdings wäre endgültig erledigt gewesen. Doch der Barde weigerte sich zu „singen", denn er hatte mit Rupf in der Türkei nicht einmal gesprochen, geschweige denn „geschnupft". Auf welchem Wege die Lügengeschichte dann weitertransportiert wurde, ist unbekannt. Faktum ist, dass sie bei der Zeitschrift „News" landete, die, ohne den Wahrheitsgehalt zu überprüfen, die Story abdruckte. Alle anderen Medien schrieben die „guate G'schicht" dann mit Begeisterung ab. Ein Musterbeispiel für die Gründlichkeit der journalistischen Recherche ohne Rücksicht auf Verluste.

GERÜCHTE & ADLER

Auch im Fall Goldberger wollte die Neidgenossenschaft Django am Zeug flicken. Böswillige Stimmen beschuldigten den Starermittler, er hätte den Medien „gesteckt", dass gegen den „Adler" ermittelt wird.

Wieder musste Rupf einen Fall in eigener Sache aufklären. Tatsächlich hatten sich zwei Kollegen über die geheimen Ermittlungen in der Causa Goldberger unterhalten. Ein Häftling hörte zufällig das Gespräch mit. Der „Knacki" flüsterte es einem Mittelsmann, und der hatte nichts Wichtigeres zu tun, als die Presse zu informieren. Er stellte die Geschichte so dar, dass Rupf über diese Ermittlungen gesprochen hätte. Django hatte aber in diesem Fall seine Finger nicht im Spiel. Trotzdem unterstellten ihm die Kollegen eine krumme Tour. Sie interpretierten den Vorfall mit einer trivialen und falschen Schlussfolgerung: „Nicht nur beim Wegas war was mit Rupf, sondern auch beim Goldberger."

UDO PROKSCH & GUTER FANG

Ein besonderer Fall in Alfred Rupfs Karriere war die Causa Proksch. Er hatte zwar nie näheren persönlichen Kontakt mit dem Schöpfer des Club 45. Dennoch traf er im Rahmen von diversen gesellschaftlichen Ereignissen immer wieder auf ihn. Ob beim Ministerempfang im Demel, wo Django den schillernden Udo kennen lernte, bei Vernissagen oder am Flughafen, man konnte Proksch gar nicht „auskommen". Für Alfred Rupf war der Gesellschaftslöwe eine Unterhaltungskanone par excellence. Von der überspannten und arroganten High Society hob er sich in angenehmer Weise ab. Er gab sich ungewöhnlich normal und riss seine vulgären Witze, die allen gefielen. Er selbst bezeichnete sich als „Schweinehirt" und war besonders stolz darauf.

Bei einer Einladung in die Vereinigten Arabischen Emirate wohnten Rupf und Proksch zufällig im selben Hotel. Udo trat mit einer Freundin auf und es zog sich – wie die spätere Entwicklung zeigen sollte – zu diesem Zeitpunkt die Schlinge um seinen Hals immer enger zusammen. Kurz danach tauchte Udo Proksch unter.

Ein Geheimdienstmann von den Philippinen meldete sich in Wien und schlug Alfred Rupf ein Geschäft vor. Er würde Proksch mit Tabletten voll pumpen und ihn schlafend nach Wien liefern, wo man ihn problemlos verhaften könnte. Als Gegenleistung verlangte der Mann, der in Wien als Einkäufer für sein Land fungierte, dass er bei seinen Geschäften mit österreichischen Unternehmen Provisionen kassieren dürfe. Um den Deal zu ermöglichen, sprach Rupf mit den betreffenden Firmen und machte die Provisionsvereinbarungen perfekt.

Das Unternehmen „schlafender Proksch" fand ein abruptes Ende, als bei einer Hausdurchsuchung bei Freunden von Udo ein Foto gefunden wurde. Es zeigte einen der Scheichs aus den Emiraten, Alfred Rupf und Udo Proksch. Ein korrupter österreichischer Polizist verkaufte das Bild an eine Zeitung, worauf der philippinische Agent den Kontakt zu Rupf aus Angst abbrach. Er hielt den Österreicher jetzt für einen Freund von Proksch und fürchtete Verrat. Udo Proksch ahnte allerdings, dass die Auslieferung nach Österreich geplant war und verließ die Philippinen. In seinem Buch „Fluchtgedanken/Gedankenflucht" schreibt der Autor über diese Zeit: „Auf den Philippinen wurde es jetzt allmählich eng für mich. Ich hatte keine Lust mehr, hier noch länger zu bleiben. Ich bekam allmählich Angst vor allen möglichen Verrätern." Als 1989 ein verdächtiger Österreicher aus Hongkong in London auftauchte, wandten sich die Engländer an die österreichischen Kollegen. Sein Pass wäre nicht in Ordnung und er hätte ungewöhnlich viel Bargeld bei sich. Die Kontrolle ergab einige Vorstrafen, derzeit schien er aber sauber. Als dieser Mann mit British Airways in Wien landete, beschloss das Django-Team, diesen Passagier zu überprüfen. Sein Porträt wurde ausgedruckt und den Zöllnern übergeben. Die Beamten kontrollierten die Einreisenden, doch der bewusste Fluggast kam nicht durch den Zoll. Sie erfuhren, dass er zwar auf der Maschine gewesen war, jedoch gleich nach Nürnberg weiterfliegen wollte. Einen wichtigen Hinweis gab eine Bekannte des gesuchten Mannes. Sie war ebenfalls auf der Maschine aus London gewesen und hatte den mysteriösen Passagier als

Udo Proksch erkannt. Er bat sie, seinen Pilotenkoffer nach Wien mitzunehmen. Die Frau meldete dies und übergab das Gepäckstück. Sämtliche Hinweise und Beobachtungen brachten die Wahrheit blitzartig an den Tag. Bei dem verdächtigen Mann aus London und Udo Proksch handelte es sich um ein und dieselbe Person. Er wurde noch vor dem Einsteigen in die Maschine nach Nürnberg verhaftet. Die Beamten brachten ihn in das nahe gelegene Sicherheitszentrum, und der Zoll übergab den Koffer an die Rupf-Ermittler. Einer seiner ersten Sätze nach der Verhaftung lautete: „Habt's an guaten Fang g'macht, i bin der Proksch." Obwohl er anders aussah, als vor seiner Flucht aus Wien, erkannte ihn Alfred Rupf an Stimme und Bewegungen wieder.

Der erste Anruf des Ermittlers galt dem Innenminister. Dieser freute sich über den Erfolg, war aber noch etwas misstrauisch ob der Identität des Verhafteten. Er legte die typisch politische Vorsicht an den Tag: „Hoffentlich ist er es wirklich, sonst können wir beide den Hut nehmen." Die Zweifel des Ministers konnten aber schnell entkräftet werden. Udo Proksch wurde in U-Haft genommen. Nach der ersten Einvernahme machten die Beamten über den Inhalt seines Aktenkoffers und das enthaltene Geld eine genaue Aufstellung. Es wurden Prokschs Fingerabdrücke abgenommen und die Polizei transportierte ihn ohne Aufsehen ins Landesgericht. Auf Grund seiner Gesichtsoperation erkannten ihn die wenigsten. Die Behörde hatte ein derartiges Tempo an den Tag gelegt und damit ein

Durchsickern von Gerüchten an die Öffentlichkeit verhindert. Udo Proksch saß in seiner Zelle, noch bevor die Presse davon Wind bekam. Am Tag nach der Verhaftung setzte das Rauschen im Blätterwald ein. Jedes Detail wurde von den Journalisten bis in die kleinste Einzelheit zerpflückt. Die manchmal wild zusammengereimten Storys lösten auch skurrile Vermutungen aus.

Rupf wurde von einem Richter angerufen, der behauptete, aus Prokschs Koffer wären Pornobilder verschwunden. Die Fotos hätten wichtiges Beweismaterial sein können. Also begann Django sofort mit den Nachforschungen. Es stellte sich heraus, dass zwar Nacktfotos, aber keine Pornobilder existierten. Die Fahnder untersuchten, ob die Bilder irgendwo liegen geblieben waren und alle, die mit Prokschs Verhaftung zu tun gehabt hatten, wurden befragt. Die Fotos blieben verschwunden. Am nächsten Tag kam ein Kollege wieder zum Dienst, der nach Udos Verhaftung frei gehabt hatte. Er erinnerte sich an die Bilder. Sie waren unter den Akten auf Rupfs Schreibtisch gelegen. Er hatte sie sicherheitshalber in ein Kuvert gesteckt und in einen Stahlschrank gesperrt. Obwohl Prokschs harmlose Privatbilder von bekannten und unbekannten Damen von Django umgehend zu Gericht geschickt wurden, hatte die Presse bereits einen „Pornoskandal" konstruiert. Wochenlange Artikel über Zweifel an der Effektenaufstellung und mangelnde Genauigkeit der Polizei konnten Alfred Rupf nicht entmutigen. Sicher hofften damals viele seiner Neider und

Kriminelle, die er hinter Gitter gebracht hatte, dass der Fall Proksch Django zum beruflichen Verhängnis werden würde. Die Wünsche der Rupf-Gegner gingen nicht in Erfüllung.

Falco & „Der Kommissar"

Damit ein Fest des Weißen Rings im Wiener Messepalast ein besonders gelungener Event werde, bat Django Falco für die Hilfsorganisation für Verbrechensopfer um eine Performance. Die scherzhafte Drohung des Polizeiobersts, Falco zu observieren, festzunehmen und einzusperren, um ihn so für den Auftritt „gefügig" zu machen, wäre gar nicht nötig gewesen. Falco kam gerne und aus freien Stücken als Überraschungsgast zum Benefiz-Clubbing. Natürlich schmetterte der Barde Rupfs Lieblingslied „Der Kommissar". Der größte Hit des Falken dröhnte damals aus allen Radios und auf allen Sendern. Kurz darauf ging „Der Kommissar" auch in den USA um, wo er lange in den Charts zu finden war und sogar die Nummer-eins-Position erreichte. Der Song war wie auf Django zugeschnitten. Er ging nicht nur um wie Falcos „Kommissar", er brachte es ebenfalls zu internationaler Anerkennung.

Gendarm & Herr Lama

Im Laufe der 35-jährigen Tätigkeit am Wiener Flughafen war Django immer für die Sicherheit der prominenten Gäste in

Österreich verantwortlich. Künstler, Filmstars und Staatsoberhäupter – vom Papst bis zu Gaddafi – landeten in Rupfs Revier. Als Alfred Rupf noch junger Kriminalbeamter war, hatte der Wiener Flughafen eine andere räumliche Gestaltung. Es gab keine Terminals mit Fingern, deshalb wurden alle Passagiere, nach Verlassen der Gangway, mit Bussen zum Flughafengebäude gebracht. So geschah es auch bei einem Wien-Besuch des Dalai-Lama. Furcht einflößende Bodyguards, die mit Dolchen ausgestattet waren, umringten ihn und schirmten das spirituelle Oberhaupt der tibetischen Buddhisten ab. Diese bemerkten einen Flughafenangestellten in graublauer Uniform und Tellerkappe und wollten ihm die Bedeutung ihres Chefs klar machen.

Sie zeigten auf den Dalai-Lama und wiederholten einige Male seinen Namen. Der Angestellte, der diesen noch nie in seinem Leben gehört hatte, streckte dem heiligen Mann die Hand entgegen und sagte: „Grüß Gott, Herr Lama." Während dieser heiteren Begrüßungszeremonie rannte einen Stock höher der Chef der Kripo vorbei. Rupfs Kollege rief ihm zu: „Kurti, da ist der Dalai-Lama!" Sein Boss hörte vor Aufregung nicht richtig zu und antwortete gehetzt und atemlos „I hab' ka Zeit, i suach den Dalai-Lama" und rannte davon.

GOLDEN GIRL & 2.000 PILLEN

Der amerikanische Star Rue McClanahan, die sexbesessene „Blanche" aus der TV-Serie „Golden Girls", reiste nach Wien. Das Vienna's English Theatre hatte sie für die Hauptrolle in „Lettice & Lovage" engagiert. Das „Golden Girl" passierte problemlos den Zoll, ohne eine von Djangos berühmt-berüchtigten Kontrollen über sich ergehen lassen zu müssen. Allerdings wären die Zöllner auf eine „verdächtige Goldader" gestoßen, hätten sie Rues Kosmetikköfferchen geöffnet. Darin befanden sich nämlich etwa 2.000 Pillen. Doch die Beamten hatten gut daran getan, nicht in den Sachen der Schauspielerin zu schnüffeln. Die Gelatinekapseln enthielten keine illegalen Drogen, sondern Substanzen von blauen und grünen Algen des Klamath-Sees im US-Staat Washington. Rue schluckte täglich 23 Stück von den biologischen Aufputschern, um Kraft und Wohlbefinden zu steigern.

BLAULICHT & „ROMY-GALA"

Nicht immer jagte Django im Laufe seiner Karriere hinter bösen Buben her. Manchmal sorgte er auch dafür, dass Promis mit Flugverspätung rechtzeitig zu ihren Auftritten kamen. Besonders bei der Romy-Verleihung 1994 hatte er mit einigen Preisträgern alle Hände voll zu tun. Zu Weihnachten 1993 war der geniale Mehrteiler „Der Salzbaron" mit einer hochkarätigen

Besetzung im ORF ausgestrahlt worden. Die Einschaltquoten waren phänomenal, als die Intrigen, Liebesgeschichten und Verbrechen des k. u. k. Österreich in Bad Ischl über die Bildschirme flimmerten. Kein Wunder also, dass der Regisseur der Saga mit der Romy ausgezeichnet wurde. Doch Bernd Fischerauer konnte seinen Preis nur mit Djangos Hilfe termingerecht in Empfang nehmen. Seine Maschine landete um 19.45 Uhr in Wien-Schwechat. Alleine, mit „normalen" Verkehrsmitteln, hätte es der Ausgezeichnete nie geschafft, in 30 Minuten vom Airport im Stadtzentrum zu sein. Die Polizei holte den Filmemacher von der Maschine ab, packte ihn in eine Funkstreife und jagte – filmreif – mit Blaulicht zu den Sophiensälen im 3. Bezirk. Noch ein wenig außer Atem und beeindruckt von der „Teufelsfahrt" betrat Fischerauer rechtzeitig um 20.15 Uhr die Bühne.

Djangos berühmtester Häftling begrüsste ihn mit den Worten: „Habts an Super-Fang g'macht." Es war Udo Proksch.

Um den stadtbekannten Partylöwen scharrten sich oft schöne Frauen. Privat ist er seit vielen Jahrzehnten glücklich verheiratet.

007

14. KAPITEL:

VOM FAHNDER IM HINTERGRUND ZUM HOBBYKOCH

Bereits als junger Polizist im Prater wusste Alfred Rupf, worauf es ankommt. Nicht nur die Verhaftung von Übeltätern war das Ziel seiner Vorstellungen, sondern kriminalistisches Kombinieren, Menschlichkeit und sich stets innerhalb der Legalität, aber manchmal außerhalb der Dienstvorschriften zu bewegen. Seine Art zu arbeiten und die Erfolge, die er damit erzielte, lösten bei vielen Beamten Bewunderung und Erstaunen, aber auch Neid und intrigantes Verhalten aus. Rupfs Beliebtheit und Bekanntheit in der Öffentlichkeit und bei den Medien sollte ihn auf jeder Station seiner Karriere begleiten.

UHRENRAUB & DJANGO-OUTFIT

Den Spitznamen „Django" trug Alfred Rupf nicht von Anfang an. Diesen Titel verdankt er einem Taxifahrer und einem Journalisten im Rahmen eines internationalen Mafiafalles. Auch, wenn die Farbe Schwarz vor 30 Jahren nicht „in" war, denn man trug sie eigentlich nur bei feierlichen Anlässen wie Hochzeiten oder Begräbnissen, liebte er es dennoch, als „Man in Black" aufzutreten. Alfred Rupf wurde zwar manchmal gefragt, ob es einen Trauerfall in der Familie gebe, doch er ließ sich nicht beirren und stand zu seinem schwarzen Outfit. Dazu machte er aus der Not eine Tugend. Bei Regen trug er immer einen Trenchcoat mit aufgestelltem Kragen und einen breitkrempigen Hut, damit ihm das Wasser nicht ins Genick rinnen konnte. Nach und nach wurden diese Kleidungsstücke zu seinem unverwechselbaren Markenzeichen. Bekannte, Freunde und die Menschen, mit denen er zusammenarbeitete, waren enttäuscht, wenn er einmal nicht in seiner selbst gewählten Dienstkleidung agierte.

Einer von Djangos bewährten Mafiainformanten gab ihm den Hinweis, dass in einem Uhrenmuseum in Oxford 100 Uhrenunikate, einzigartige Taschenuhren prominenter Persönlichkeiten, gestohlen worden waren. Diese lagen – jede in einer Glasvitrine – und waren durch Lasereinrichtungen gesichert. Hätte jemand das Glas eingeschlagen, wäre der Alarm sofort losgegangen. Die Diebe wählten deshalb einen ungewöhnlichen, aber wirkungsvollen Weg, um an die Wertgegenstände heranzukommen. Sie drangen durch die Klimaanlage in das Museum ein und umgingen die Lasersicherung, indem sie die Uhren von unten aus den Schaukästen herausschnitten. Die Uhren gelangten per Spedition, die ebenfalls in das Verbrechen verstrickt war, via Frankreich nach Rom. Von dort aus brachte sie Lanfranco X. nach Wien und verkaufte sie an einen Wiener Innenstadt-Juwelier. Dieser wollte das Geschäft seines Lebens machen.

Er plante, die Uhren in die Schweiz zu bringen und sie dort an Interessenten zu verkaufen. Die Rupf-Truppe konnte nicht sofort einschreiten, sonst hätte die Mafia den Verrat der Tat erkannt und den Informanten für immer aus dem Verkehr gezogen. Nachdem zu diesem Zeitpunkt, Mitte der siebziger Jahre, RAF-Terroristen in Europa intensiv tätig waren, machte sich Rupf diese Tatsache zu Nutze. Die RAF hatte erst vor wenigen Wochen an der deutsch-holländischen Grenze zwei Polizisten erschossen. Damit hatte Rupf ausreichende Gründe, am Flughafen Wien Kontrollen durchzuführen. Als er herausgefunden hatte, wann der Juwelier in die Schweiz zu fliegen plante, organisierte Rupf eine Verkehrskontrolle im Zusammenhang mit den Terroraktivitäten. Dabei würde die Polizei dann „rein zufällig" die Uhren finden.

Tatsächlich befanden sich im Kofferraum des Wagens 68 antike Uhren, die, wie die Ermittlungen ergaben, zu den in Oxford erbeuteten Unikaten gehörten. Alfred Rupf war, um den offiziell gesuchten Terroristen entsprechend gegenübertreten zu können, speziell ausgerüstet. Unter seiner „Dienstkleidung" verbarg er eine UZI-Maschinenpistole. Als er den Juwelier mit der Waffe im Anschlag verhaftete, sagte ein vorbeifahrender Taxifahrer: „Jö schau, wia da Django!" Dies kam einem Journalisten zu Ohren, der seine Story über den Uhrenraub mit den Worten begann: „Man nennt ihn Django!" Der ehrenvolle Name des legendären Westernhelden sollte ihn seine ganze lange Karriere hindurch begleiten.

SCHNEEMANN & PROFI

Im Zuge eines seiner Fälle überlegte Django allerdings kurzfristig, den schwarzen Schlapphut an den Nagel zu hängen. Er musste einsehen, dass er durch sein Markenzeichen in Wiener Verbrecherkreisen bekannt war, wie das sprichwörtliche falsche Geld.

Teresinha G. war in São Paolo angeheuert worden, um drei Kilogramm Kokain im Wert von zehn Millionen Schilling im doppelten Boden ihres Koffers nach Wien zu transportieren. Um nicht aufzufallen, wurde die 26-Jährige in ein Business-Outfit gesteckt. Die Dealer versprachen der Kurierin, dass sie nach Erledigung des Auftrags ein Honorar von 50.000 Schilling kassieren würde. Außerdem erhielt sie von den Dealern einen Zettel, auf dem Namen und Adresse des Innenstadthotels standen, in dem die Übergabe der Drogen stattfinden sollte.

Während der weibliche Kurier von São Paolo via Frankfurt nach Wien reiste, erhielten die Schwechater Drogenspezialisten einen – die Frau betreffenden – Tipp. Als diese in Wien landete, ließen sie die Beamten einreisen und folgten ihr in das Hotel in der City.

Was Django nicht bedacht hatte: Der Mittelsmann tauchte in der Herberge nicht auf, wahrscheinlich hatte er Rupf an seiner legendären Kopfbedeckung erkannt. Als die Kurierin aus São Paolo neue Instruktionen erhielt und zu einem anderen Treffpunkt bestellt wurde, folgte ihr die Fahndertruppe. Django war mit von der Partie – aber barhäuptig. Doch dem Dealer war auch dieser Übergabeort zu heiß und er kam nicht zu seinem Date mit Teresinha. Also blieb dem verärgerten, hutlosen Rupf nichts anderes übrig, als sich mit einem kleinen Trostpflaster zu begnügen. Er nahm die brasilianische Drogenschmugglerin fest.

Nach dieser Geschichte überlegte Django, sich eine neue Kopfbedeckung zuzulegen. Tipps dafür fand er in Form von Cartoons in den Medien. Sie empfahlen Modell „Schneemann" mit Karottennase, Modell „Austrofel", der Nachttopf mit Aufschrift Django, und Modell „Profi", ein Kokssackerl.

Karikatur: Ivan Klein/Foto: F. Langenhagen, erschienen 1993 im „Falter"

BEKANNTHEIT & INKOGNITO

Die Bekanntheit des international geschätzten Fahnders brachte viele Vorteile, aber auch ebenso viele Nachteile. Offen zu ermitteln, war für Django schon bald ein Ding der Unmöglichkeit geworden. Ihn erkannten nicht nur Normalbürger und die High Society auf diversen Festen und Partys. Vor allem Personen aus Unterweltskreisen waren gewarnt, wenn der „große Schwarze mit dem schlappen Hut" irgendwo auftauchte. Ein Mal fanden Beamte bei einer Hausdurchsuchung in der Wohnung eines Kriminellen sogar ein Poster von Alfred Rupf. Offenbar wollte sich der Mann ständig dessen Physiognomie einprägen, um ihn im Ernstfall schon von weitem zu erkennen.

Aus diesem und ähnlichen Gründen führte Django seine Ermittlungen bald nur mehr telefonisch durch, leitete Observationen per Handy aus dem Auto und hielt sich bei Einsätzen immer im Hintergrund. Die positive Seite seines ständigen Erkanntwerdens war, dass er durch seine Bekanntheit zahlreiche Informationen zugesteckt bekam. Sowohl anonyme Hinweise als auch Tipps von Personen, die ihre Identität preisgaben, gingen bei Rupf persönlich ein. Obwohl nicht jeder Hinweis zu einem Beweis oder zur Aufklärung eines Falles führte, ging Django allen Infos nach. Nicht alle Informanten, mit denen er sich regelmäßig traf, waren „normale" Mitmenschen. Einer seiner Klienten bestellte ihn immer um Mitternacht auf den Friedhof, um ihm seine Hinweise unter garantiert strengster Geheimhaltung mitzuteilen. Einer dieser Tipps zur Geisterstunde – des psychotischen Mannes – hatte tatsächlich zur Aufklärung eines Falles geführt.

DROHUNGEN & VORSICHT

Rupf lebte immer auf der Hut, achtete darauf, ob er verfolgt wurde oder setzte sich in Lokalen mit dem Rücken zur Wand. Größer als die Angst um sich selbst war die Sorge um seine Familie. Er schärfte Frau und Tochter unter anderem immer wieder ein, nie Briefe und Pakete zu öffnen, die an ihn adressiert waren. Trotz Drohungen, mit denen auch der Meisterfahnder konfrontiert war, bezeichnet Django Österreich – hinsichtlich Kriminalität auch heute noch – als Insel der Seligen. „The American Criminal Way of Life“ hat sich in der Alpenrepublik nie durchgesetzt. Bei einem internationalen Treffen der Flughafenbehörden in Orlando in Florida mussten die Polizisten gleich zu Beginn des Kongresses eine Trauerminute für einen Kollegen einlegen. Er hatte einen tödlichen Fehler begangen. Ein Kleindealer war von ihm von hinten angesprochen worden. Dieser drehte sich mit geladener, entsicherter Waffe um und erschoss den Mann aus einer Entfernung von rund einem Meter.

Alfred Rupf war Einschüchterungsversuchen bis zum letzten Arbeitstag ausgesetzt. Es waren kaum entlassene Häftlinge, die ihre Aggressionen oder Rachegefühle an Django abreagieren wollten. Vor allem Terrororganisationen und Psychopathen wollten ihm Angst machen und kriminalistisch kaltstellen.
Der Fahnder Rupf führte ein Mal eine Amtshandlung gegen einen psychopathischen Kriminellen durch. Er überprüfte ihn bei verschiedenen Gelegenheiten, verhaftete und vernahm ihn immer wieder. Sein Vorstrafenregister las sich wie ein Auszug aus psychiatrischen Schulbeispielen. Den Taten, die einem kranken Hirn entsprungen sein mussten, fügte er eine weitere Stephen-King-Aktion hinzu. Als er eines Nachts in sein Quartier zurückkam, das er sich mit einem zweiten Mann teilte, störte ihn das Schnarchen seines Zimmergenossen. Also nahm er ein langes Küchenmesser und rammte es dem Schlafenden in den Hals. Der Mann überlebte, und Rupf versuchte vergeblich, dem Verdächtigen auch eine andere Tat nachzuweisen. In der Folge erhielt Django laufend Morddrohungen. Obwohl er den Psychopathen als Urheber in Verdacht hatte, gelang es ihm nicht, die nötigen Beweise zu erbringen. Dass seine Vermutung richtig gewesen sein dürfte, zeigte sich nach dem Tod des Verdächtigen. Die Mordankündigungen hörten abrupt auf, als besagter Krimineller im Zuge eines Bankraubs erschossen worden war.

SCHWERER DIENST & WERT DES LEBENS

Alfred Rupf lernte jede Facette des Verbrechens kennen und jettete im Kampf gegen das Verbrechen um die halbe Welt. Alle Geheimdienste hatten sehr großen Respekt vor ihm, speziell die östlichen. So konnte er den ehemaligen Ostblock erst nach dem Mauerfall besuchen, da er vorher kein Visum bekam. Zu suspekt schien den Apparatschiks die Anwesenheit des erfolgreichen Ermittlers. Diese Vorgangsweise betraf auch sein Umfeld. Seine Bedienerin musste einen Ausflug nach Pressburg absagen, da man auch ihr das Visum verweigerte. Sie hätte im heutigen Bratislava ja wichtige Geheimnisse ausspionieren und an Rupf verraten können.

In seinen 43 Dienstjahren, 35 davon auf dem Wiener Flughafen, bekämpfte er jede Menge internationale Kriminalität und hatte dadurch Chancen, Kontakte und Erfolge, wie sonst kein österreichischer Kriminalbeamter. Doch während seiner langen Karriere änderten sich weltweit die Methoden der Polizei. Django begann als Einzelkämpfer und klärte seine Fälle mit viel Einfühlungsvermögen, Kombinationsgabe und psychologischem Geschick. Später waren es Teamarbeit, Spezialisten und ausgeklügelte wissenschaftliche Überprüfungsmethoden, wie die DNA-Analyse, die ihm halfen, Schuld oder Schuldlosigkeit eines Verdächtigen zu beweisen.

Sein Job war in jeder Hinsicht ungesund: unregelmäßige Arbeitszeit, gehetztes Essen zwischendurch, Urlaub als Fremdwort und dann immer wieder die Drohungen gegen ihn und seine Familie. Frau und Tochter zogen in ein Haus auf dem Land. Dort waren sie sicherer und er konnte freier agieren. Die Familie wartete täglich – oft vergebens – auf sein Heimkommen. Dienste an Feiertagen und in der Nacht standen regelmäßig auf dem Programm und das Schlafdefizit wurde mit Kaffee ausgeglichen. Er war 365 Tage im Jahr, rund um die Uhr und auch im Urlaub, erreichbar. Immer wieder angedrohte Tätlichkeiten gegen ihn, eigene psychische Probleme, bedrückende Schicksale, Selbstmorde am Heiligen Abend, geprügelte Frauen und Kinder, Beschuldigungen der eigenen Person durch Intriganten, die schwer zu entkräften waren und bei einigen Kollegen zur Suspendierung führten und das ständige Nachdenken über laufende Fälle, auch in der Freizeit, konnten ihm dennoch die Freude an der Arbeit nicht verderben. Sein Engagement blieb über all die Jahre intensiv. Die unzähligen Konfrontationen mit Morden und Leichen in furchtbarem Zustand ließen ihn keineswegs abstumpfen, sondern den Wert des Lebens erst richtig einschätzen.

ABSTINENZ & BLASSER HOFRAT

Alfred Rupf selbst hat nie irgendeine Art von Suchtgift probiert Es wurde ihm insofern leicht gemacht, da es in seiner Jugend noch keine Drogen in Österreich gab. Als er als Erwachsener damit in Kontakt kam, wusste er bereits um die heimtückische Gefahr dieser Stoffe.

Heute liefern Haschisch und Koks oft auch Storys für diverse Fernsehkrimis. Selten wird in diesen Produktionen aber das wahre Leben gezeigt. Die Handlung und ihre Details folgt meist den künstlerischen Intentionen des Drehbuchautors oder des Regisseurs. Wenn nämlich Film- und TV-Fahnder in diversen Streifen eine Prise vom weißen Pulver kosten, zeigen sie, dass sie sich nicht mit der Wirklichkeit auseinander gesetzt haben. Ein in der Praxis arbeitender Polizist würde nie so vorgehen, denn es könnte sich um einen Stoff handeln, von dem bereits eine kleine Menge tödlich ist.

Wie in einem schlechten TV-Krimi verhielt sich ein Herr Polizeihofrat, der offenbar bei einem TV-Kommissar in die Lehre gegangen war. Er hatte sich eine Aktion abgeschaut, die ihn das Leben hätte kosten können. Er platzte mitten in eine Untersuchung seiner Experten, tauchte seinen Finger, gekonnter als sämtliche TV-Ermittler gemeinsam, in das noch nicht identifizierte Pulver und kostete es. Mit schreckgeweiteten Pupillen beobachteten die Profis das Tun des Vorgesetzten. Als er darauf aufmerksam gemacht wurde, dass in der Substanz auch Gift enthalten sein könnte, glaubte er, eine Zungenlähmung zu bemerken. Leichenblass verließ er das Zimmer. Der Herr Hofrat überlebte und hatte sich die Symptome zum Glück nur eingebildet. In Zukunft reduzierte er seinen kriminalistischen Fernsehkonsum und die Umsetzung der TV-Tipps in seiner Arbeit.

PAPIERKRAM & PRAKTIKER

Statistik und Papierkram waren für den leidenschaftlichen Praktiker Rupf schon immer ein Gräuel. Vor allem dann, wenn er wusste, dass ellenlange Aktenvermerke und Berichte sicher nie gelesen werden und nur als Arbeitsnachweis dienen. Meistens verstaubten sie in der „Zentralablage" oder verschwanden im Papierkorb.

Wieder einmal forderte das Innenministerium von Djangos vorgesetztem Hofrat, dass bestimmte Daten, die seit Jahren im Keller lagerten, ausgewertet werden müssten. Beim Hofrat machte sich Panik breit, denn er wusste, dass die Recherche für die Aufstellung mindestens 14 Tage dauern würde. Er rief Django zu sich und schilderte ihm das Problem. Dieser beruhigte seinen Chef damit, dass der Zeitaufwand nicht nötig sein würde: „Kein Problem, Herr Hofrat, ich habe das Ergebnis im Kopf. Es waren 1.211 Fälle." Natürlich war das eine Hausnummer, die sich der clevere Fahnder in Sekundenschnelle ausgedacht hatte. Der Hofrat zeigte sich beeindruckt und fragte: „Was, das wissen Sie, stimmt denn diese Zahl wirklich?" Leidenschaftslos und sachlich antwortete Django: „Wenn Sie es nicht glauben, zählen Sie's doch nach." Die Zahl wurde weitergeleitet, niemand hinterfragte sie und das Innenministerium staunte über das Tempo der Abteilung.

GERICHTSMEDIZIN & SAURE LEBER

An einen Umstand gewöhnte sich Alfred Rupf während 43 Dienstjahre nicht. Der schreckliche Verwesungsgeruch, den manche Leichen verströmen, bereitete ihm immer wieder ein mehr als flaues Gefühl im Magen. Bei einem seiner zahlreichen Besuche in der Gerichtsmedizin in der Wiener Lazarettgasse wurde die Leiche einer Frau seziert. Sie war, als schwere Trinkerin, an Leberzirrhose gestorben, und das Organ zerbröselte richtiggehend unter dem Skalpell des Gerichtsmediziners. Sofort entwickelte sich im Seziersaal ein Übelkeit erregender Gestank. Die anwesenden Ärzte und Polizisten hielten sich ihre Taschentücher vors Gesicht, um die grauenhafte Geruchswelle etwas zu dämpfen. Nachdem die wenig nasenfreundliche Aktion endlich beendet war, ging Rupf mit seinen Kollegen in deren Stammlokal in der Lazarettgasse. Beim Mittagessen wollten sie sich vom eben Erlebten erholen. Doch der Appetit sollte ihnen gründlich vergehen. Der Wirt hatte als Hauptspeise des Mittagsmenüs „Saure Leber" auf die Speisekarte gesetzt.

KOCH & FBI

In seiner kargen Freizeit widmete sich der Gangsterjäger der Malerei und betätigte sich notgedrungen auch als Koch. Die Kochkünste seiner Frau genoss Django selten, denn sie lebte mit Tochter Eva im Haus in Niederösterreich. In seiner Wiener Wohnung bereitete sich der „Grüne Witwer" nicht nur Frankfurter und Eierspeise zu, sondern auch kompliziertere Gerichte. Im Rahmen einer TV-Sendung trat Django mit seiner „Geheimdienstsuppe" gegen Kollegen vom FBI und aus Deutschland an. Dabei bewies er auch dem Fernsehpublikum, dass er mit dem Kochlöffel geschickt umgeht. Zwei seiner Lieblingsgerichte: geröstete Knödel mit Ei (er röstet die Knödelscheiben erst knusprig an und schlägt erst dann die Eier darüber) und Mohnnudeln (die tiefgekühlten Mohnnudeln veredelt er mit frischgeriebenem Mohn, 1/4 kg Butter!! und Zucker).

MISSGUNST & LEBENSPHILOSOPHIE

Die Sticheleien der österreichischen Neidgenossenschaft trafen auch Django von Zeit zu Zeit. Speziell ab dem Moment, als sich der Erfolg bei ihm einstellte, versuchten seine Feinde erbarmungslos zuzuschlagen. Mobbing, Intrigen, anonyme Anzeigen und Gerüchte kamen immer von denen, die nur die brillant gelösten Fälle, nicht aber die dafür notwendige

Kleinarbeit und die immer wieder auftretenden Misserfolge sehen wollten. Alfred Rupf lebte immer nach dem Motto „Besser ein schlechter Ruf als gar keiner." Er hatte die alte Bauernregel „Viel Feind, viel Ehr'" zu seiner Lebensphilosophie gemacht. Jede kleinste Notiz in einer noch so auflagenschwachen Zeitung heizte das Intrigantentum in seinem Umfeld kräftig an. Ungleich stärker schwappte die Missgunstwelle über Alfred Rupf, wenn ihn die Medien nach einem gelungenen Großeinsatz mit Lob überschütteten. Dabei hatten die erfolglosen Zeitgenossen Djangos bereits am Beginn seiner Karriere gezeigt, dass sie ihm weder Bekanntheit noch gelöste Fälle gönnten.

In den siebziger Jahren schlug er gegen die italienische Mafia erbarmungslos zu. Sofort vermuteten seine Gegner illegale Kontakte zum organisierten Verbrechen in unserem Nachbarland. Doch Alfred Rupfs Erfolgsrezept war viel einfacher. Erstens versuchte er immer, die Köpfe und Hintermänner des Verbrechens hinter Gitter zu bringen und nagelte nicht sofort die kleinen Fische fest, um seine Verhaftungsstatistik aufzubessern. Zweitens – was sich als noch viel wichtiger erwies – übertrat er nie die gesetzlichen Grenzen und versuchte, auch im Rahmen der Legalität„ Menschen zu helfen. Kontakte, Tipps und Hinweise kamen dann oft von denen, die Django für seine Unterstützung unendlich dankbar waren.

Als sich der internationale Terrorismus auch auf Österreich ausbreitete, konnte Rupf seine Beziehungen zum arabischen

Raum nutzen. Von Bagdad bis Tripolis und von Damaskus bis Beirut hatte er sein Informationsnetzwerk geknüpft, das ihm mit Hinweisen zur Seite stand. Konnte er brandheiße Tipps nicht selbst bearbeiten, leitete er sie an Kollegen weiter und blieb selbst anonym. Auch Geheimdienste äußerten ihr Misstrauen gegenüber Djangos Kontakten, und das Innenministerium musste ständig illegale Machenschaften seines Starermittlers dementieren. Es folgten die großen Erfolge gegen den Drogenhandel mit Hilfe von Informanten in Bangkok, Hongkong und Kolumbien. Umgehend dichteten die missgünstigen Stimmen dem geschickten Polizisten Beziehungen zu den chinesischen Triaden und den südamerikanischen Drogenkartellen an und gaben diese haltlosen Grundlagen für Rufmordgeschichten an die Medien weiter.

Um an der Demontage des Erfolgspolizisten zu basteln, spielte jemand eine streng geheime Aktennotiz den Zeitungen in die Hände, die Rupf innerhalb der Polizei weitergeleitet hatte. Einige Monate später tauchte der Inhalt des Schreibens in Form eines brandheißen Artikels in einem Blatt auf. Natürlich vermuteten die Rupf-Gegner, dass ihr Feindbild Nummer eins für den Vorfall verantwortlich sei. Bei der Einvernahme konfrontierten die Kollegen ihn mit dieser Anschuldigung. Erst die Kennzahl einer anderen Behörde auf dem betreffenden Schriftstück wusch Django von sämtlichen Vorwürfen rein. Es bewies, dass die Dokumente nicht von Rupf an die Presse weitergeleitet worden war.

Nachdem er einen anderen geheimen Bericht per Fernschreiben an den Generaldirektor der öffentlichen Sicherheit weitergeleitet hatte, wurde Rupf zwei Tage später zu seinem Chef zitiert. Das „generaldirektorische Donnerwetter" prasselte erbarmungslos auf Rupf herunter. Der Grund für den unerquicklichen Monolog des Bosses: Die Geheimakte war wörtlich in der „Kronen Zeitung" abgedruckt worden und da die Details keiner kannte außer Rupf, stand dieser an erster Stelle auf der Liste der verdächtigen „Krone"-Informanten. Doch Alfred Rupf war auch als Ermittler in eigener Sache clever und erfolgreich. Schnell beförderte er die Wahrheit zu Tage und bewies, wie konnte es anders sein, seine Schuldlosigkeit. Ein Journalist hatte Alfred Rupf – damals auch als Pressereferent tätig – an seiner Wirkungsstätte besucht, um Neuigkeiten über Ermittlungen und Verhaftungen zu erfahren. Nachdem Django an diesem Tag nicht in seinem Büro weilte, fragte der Pressemann einen der Dienst habenden Beamten, was es denn so Neues gebe. Dieser schickte den Journalisten zu den Fernschreibern, wo er sich die Berichte durchlesen konnte. Als er Rupfs supergeheime Mitteilung an die Sicherheitsdirektion fand, schrieb er sie ab und veröffentlichte sie in der nächsten Ausgabe.

Wird der frischgebackene Pensionist Alfred Rupf die Finger ganz von der Kriminalistik lassen können? Die Aufklärung ist ein Fall für Django.